Impressum

Jean-Charles Beaumont und Ramon Lazkano
Baskisch – Wort für Wort
erschienen im
REISE KNOW-HOW Verlag Peter Rump GmbH
Osnabrücker Str. 79, D-33649 Bielefeld
info@reise-know-how.de

REISE KNOW-HOW Verlag Peter Rump GmbH
1. Auflage 2002

deutsche Bearbeitung Elfi H. M. Gilissen
Layout Elfi H. M. Gilissen
Layout-Konzept Günter Pawlak, FaktorZwo! Bielefeld
Umschlag Peter Rump (Titelfoto: Michael Schuh)
Kartographie Iain Macneish
Fotos Michael Schuh (S. 8, 74, 86, 103, 114, 119, 126)
Blas Uberuaga (S. 1, 33, 38, 96, 138)
Druck und Bindung Fuldaer Verlagsagentur, Fulda

ISBN 3-89416-509-X
Printed in Germany

Das französische Original dieses Buches heißt „Le Basque de poche" und ist erschienen bei © ASSIMIL France.

Dieses Buch ist erhältlich in jeder Buchhandlung der BRD, Österreichs, der Schweiz und der Benelux. Bitte informieren Sie Ihren Buchhändler über folgende Bezugsadressen:
BRD Prolit GmbH, Postfach 9, 35461 Fernwald (Annerod) sowie alle Barsortimente
Schweiz AVA-buch 2000, Postfach 27, CH-8910 Affoltern
Österreich Mohr Morawa Buchvertrieb GmbH
Sulzengasse 2, A-1230 Wien
Belgien & Niederlande Willems Adventure, Postbus 403, NL-3140 AK Maasluis
direkt Wer im Buchhandel kein Glück hat, bekommt unsere Bücher zuzüglich Porto- und Verpackungskosten auch direkt beim **Rump Direktversand**, Heidekampstraße 18, D-49809 Lingen oder über unseren Internet-Shop: **www.reise-know-how.de**
Zu diesem Buch ist ein **Tonträger** erhältlich, ebenfalls in jeder Buchhandlung der BRD, Österreichs, der Schweiz und der Benelux.
Der Verlag möchte die **Reihe Kauderwelsch** weiter ausbauen und **sucht Autoren**! Mehr Informationen finden Sie auf unserer Internetseite **www.reise-know-how.de/buecher/special/schreiblust-inhalt.html**

Kauderwelsch

Jean-Charles Beaumont
&
Ramon Lazkano

Baskisch

Wort für Wort

Reise Know-How
im Internet
www.reise-know-how.de
info@reise-know-how.de

Aktuelle Reisetipps und Neuigkeiten, Ergänzungen nach Redaktionsschluss, Büchershop und Sonderangebote rund ums Reisen

Die
Reise Know-How Verlag
Peter Rump GmbH
ist Mitglied der
Verlagsgruppe Reise Know-How

Kauderwelsch-Sprechführer sind anders!

Warum? Weil sie Sie in die Lage versetzen, wirklich zu sprechen und die Leute zu verstehen.

Wie wird das gemacht? Abgesehen von dem, was jedes Sprachbuch bietet, nämlich Vokabeln, Beispielsätze etc., zeichnen sich die Bände der Kauderwelsch-Reihe durch folgende Besonderheiten aus:

Die **Grammatik** wird in einfacher Sprache so weit erklärt, dass es möglich wird, ohne viel Paukerei mit dem Sprechen zu beginnen, wenn auch nicht gerade druckreif.

Alle Beispielsätze werden doppelt ins Deutsche übertragen: zum einen **Wort-für-Wort**, zum anderen in „ordentliches" Hochdeutsch. So wird das fremde Sprachsystem sehr gut durchschaubar. Denn in einer fremden Sprache unterscheiden sich z. B. Satzbau und Ausdrucksweise recht stark vom Deutschen. Ohne diese Übersetzungsart ist es so gut wie unmöglich, schnell einzelne Wörter in einem Satz auszutauschen.

Die **Autorinnen** und **Autoren** der Reihe sind Globetrotter, die die Sprache im Land selbst gelernt haben. Sie wissen daher genau, wie und was die Leute auf der Straße sprechen. Deren Ausdrucksweise ist nämlich häufig viel einfacher und direkter als z. B. die Sprache der Literatur oder des Fernsehens.

Besonders wichtig sind im Reiseland **Körpersprache, Gesten, Zeichen** und **Verhaltensregeln**, ohne die auch Sprachkundige kaum mit Menschen in guten Kontakt kommen. In allen Bänden der Kauderwelsch-Reihe wird darum besonders auf diese Art der nonverbalen Kommunikation eingegangen.

Kauderwelsch-Sprechführer sind keine Lehrbücher, aber viel mehr als Sprachführer! Wenn Sie ein wenig Zeit investieren und einige Vokabeln lernen, werden Sie mit ihrer Hilfe in kürzester Zeit schon Informationen bekommen und Erfahrungen machen, die „taubstummen" Reisenden verborgen bleiben.

Inhalt

Vorwort

Eine Vielfalt unterschiedlicher Landschaften auf kleinem Raum - ein majestätisches Gebirge, grüne Täler, Steilküste und Strände, einige scheinbar endlos, andere in kleinen Buchten, weiße, grüne und rote Dörfer, mondäne Badeorte, behäbig-bürgerliche und elegante Städte, kleine Heimatmuseen und das grandiose Guggenheim-Museum in Bilbao: Ganz gewiss besitzt das Baskenland eine Vielzahl landschaftlicher wie von Menschen geschaffener Reichtümer, vor allem aber sind die Basken ein stolzes Volk, das sich das bewahren konnte, was die Essenz seiner Identität ausmacht: die eigene Sprache, das Euskara. Wer ins Baskenland fährt, ob nach Spanien oder Frankreich, wird diese außergewöhnliche Sprache hören, vermutlich eine der ältesten unseres Kontinents. In Spanien, wo dem Baskischen derselbe offizielle Status zuerkannt wurde wie dem Castellano, wird man es auch überall geschrieben sehen. Aber auch in Frankreich werden immer mehr Schilder und Beschriftungen zweisprachig ausgeführt.

Die Basken nennen sich selbst Euskaldunak *(die, die Baskisch sprechen)*. Werden auch Sie Euskaldun! Einige Worte, einige Sätze, ein Lächeln und schon haben Sie Zugang zu dem, was die eigentliche Originalität der Basken ausmacht. Und als Gegenleistung werden Sie freundlich aufgenommen. Zwar ist die Sprache verwirrend, aber hier geht es ja nicht darum, ein bertsolari (baskischer Dichter) zu werden; einfach nur darum, mit diesem Führer in jeder Situation ein paar Worte oder Sätze sagen zu können. Ein wenig Mühe vorab, und auf geht's zur Entdeckung des Baskenlandes und seiner Einwohner!

Hinweise zur Benutzung

Haben Sie gehört, das Baskische sei eine furchtbar komplizierte Sprache? Dass die Grammatik so schwierig sei, dass man Jahrhunderte braucht, um alle Regeln und Ausnahmen zu beherrschen? Falls ja, vergessen Sie es sofort! Die baskische Grammatik ist weder schwieriger noch einfacher als irgendeine andere Grammatik. Sie ist ein System von Regeln, die es erlauben, Sätze zu bilden und sich richtig auszudrücken.

Der Sprechführer „Baskisch" beschränkt die Grammatik auf das Wesentliche und ist so einfach gehalten wie möglich. Deshalb sind auch nicht alle Ausnahmen und Unregelmäßigkeiten der Sprache erklärt. Wer jedoch noch tiefer in die Grammatik der baskischen Sprache eindringen möchte, findet im Anhang Hinweise auf weiterführende Literatur. Sie müssen den Grammatikteil nicht unbedingt von vorne bis hinten durcharbeiten, sondern können natürlich auch sofort mit der Konversation beginnen und die Grammatik nur zum Nachschlagen verwenden.

Im Konversationsteil finden Sie Sätze aus dem Alltagsgespräch, die Ihnen einen ersten Eindruck davon vermitteln sollen, wie die baskische Sprache eigentlich „funktioniert“ und die Sie auf das vorbereiten sollen, was Sie später im Baskenland hören werden – denn was man vorher schon einmal gelesen hat, versteht man später viel leichter. Nutzen Sie die Beispielsätze auch als Fundus von Satzschablonen und -mustern, die Sie selbst Ihren Bedürfnissen anpassen.

Damit Sie die Wortfolge des Baskischen in den Beispielsätzen nachvollziehen können, ist eine Wort-für-Wort-Übersetzung ergänzt. Jedem baskischen Wort entspricht ein Wort in der Wort-für-Wort-Übersetzung.

Kann ein Wort im Baskischen nur durch zwei deutsche Wörter übersetzt werden, steht ein Bindestrich zwischen diesen. Alternative Wörter werden durch einen Schrägstrich abgetrennt.

Baskische Fallendungen sind in der Wort-für-Wort-Übersetzung hochgestellt angegeben.

Alle Endungen sind durch einen winzigen Punkt zwischen den Wortbestandteilen markiert.

Alemaniera·z hitz egi·ten du·zu?
alämaniärass iez ägietän dussu
Deutsch-auf^{Ins} *Wort sprechen*^{U} *es-haben-Sie*
Sprechen Sie Deutsch?

Itsaso·rako/mendi·eta.ra·ko ikuspegi·a ...
ietshashorako/mändietarako iekushpägia
Meer-nach^{All}*/Berg-die-nach*^{All} *Blick*^{A}
... mit Blick aufs Meer/auf die Berge.

Mit Hilfe der Wort-für-Wort-Übersetzung können Sie die Beispielsätze leicht Ihren eigenen Bedürfnissen anpassen. Die Wörterlisten am Ende des Buches helfen Ihnen dabei. Sie enthalten einen Wortschatz Deutsch – Baskisch und Baskisch – Deutsch von je ca. 1.000 Wörtern, mit denen man schon eine Menge anfangen kann.

Die Umschlagklappe hilft, die wichtigsten Sätze und Formulierungen stets parat zu haben. Aufgeklappt ist der Umschlag eine wesentliche Erleichterung, da nun die gewünschte Satzkonstruktion mit dem entsprechenden Vokabular aus den einzelnen Kapiteln kombiniert werden kann. Wenn alles nicht mehr weiterhilft, dann ist vielleicht das Kapitel „Nichts verstanden? – Weiterlernen!" der richtige Tipp. Es befindet sich ebenfalls im Umschlag, stets bereit, mit der richtigen Formulierung für z. B. „Ich habe nicht verstanden." oder „Wie bitte?" auszuhelfen.

Die Basken und ihre Sprache

Es ist kaum möglich, vom baskischen Volk zu reden, ohne, und sei es nur kurz, das Geheimnis seiner Herkunft zu erwähnen. Die Basken sprechen keine indo-europäische Sprache, sondern eine weit ältere, älter als die meisten anderen auf dem europäischen Kontinent verbreiteten Sprachen. Wir wissen jedoch fast nichts über die Ursprünge, aber die Debatten führten bislang ins rein Spekulative: stammen sie direkt vom Cro-Magnon-Menschen ab? Sind sie irgendwie mit den geheimnisvollen Iberern verwandt? den Kelten? den Berbern Nordafrikas? Und warum nicht gleich, bei reicher Phantasie, mit den legendenumwobenen Bewohnern von Atlantis, den Mayas oder Azteken?

Ernsthaft betrachtet gibt es keine Beweise, die es uns beim gegenwärtigen Stand der Wissenschaft erlauben, die Frage nach dem Ursprung der Basken zu beantworten – genauso wenig übrigens, wie der Ursprung ihrer Sprache geklärt ist (die ältesten schriftlichen Quellen auf lateinischen Stelen verraten uns nichts über die Struktur der Sprache, wie sie damals gesprochen wurde; Schriftsteller der Antike wie Strabon erwähnen nur kurz eine Sprache, die vermutlich das Baskische ist). Jedenfalls ist es Sprachwissenschaftlern bislang nicht gelungen, überzeugende Verbindungen zu anderen europäischen Sprachen zu finden.

Heute reiht man das Baskische unter die isolierten Sprachen ein. Gesprochen wird es von 22,74% einer Gesamtbevölkerung von ca. 3 Mio Einwohnern. Das Baskische steht damit an der Seite von Sprachen wie Estnisch, Irisch oder Isländisch.

Das Baskische ist in Spanien (in der Comunidad Autónoma del País Vasco und der Comunidad Foral de Navarra) offizielle Sprache, mit dem gleichen Status wie das Castellano. In diesen Regionen Spaniens wird man der Sprache überall begegnen, ob auf der Straße

Namen baskischer Städte	
Bilbao	**Bilbo**
Vitoria	**Gasteiz**
San Sebastián	**Donostia**
Bayonne	**Baiona**
Biarritz	**Miarritze**
Pamplona	**Iruñea**

oder in den Medien. In Frankreich dagegen hat das Baskische noch keinen offiziellen Status, obwohl es von einem vergleichsweise höheren Prozentsatz der Bevölkerung gesprochen wird als im spanischsprachigen Teil.

Aussprache & Betonung

Es gibt wenig Schwierigkeiten bei der Aussprache des Baskischen. Die Regeln sind recht einfach, und wenn Sie bereits Französisch beherrschen, freut es Sie sicherlich zu hören, dass die Betonung dem Französischen ähnelt (aber nicht nasalieren!). Um Ihnen bei der richtigen Aussprache behilflich zu sein, finden Sie jeden Satz und jedes Wort auch in unserer einfachen Lautschrift. Was sind die Besonderheiten der Aussprache?

Die Betonung liegt im Allgemeinen auf der zweiten Silbe des Wortes. Bei zweisilbigen Wörtern wird die letzte Silbe betont: lagun lagun *(Freund)*. Bei dreisilbigen Wörtern wird ebenfalls die zweite Silbe betont, und die letzte Silbe wird leicht betont: lagunak lagunak *(die Freunde)*. Das gilt auch für 4- oder 5-silbige Wörter: ikasleak iekashleak *(die Studenten)*.

Jetzt folgen die Laute, die im Deutschen anders gesprochen werden, bzw. deren Lautschrift kurz erklärt werden muss:

Aussprache & Betonung

Selbstlaute

ai	aj	wie in „M**ai**s": kaixo kajscho *hallo*
	a	wenn ein n oder l folgt: baina banja *aber;* maila malja *Klasse*
au	au	Laute einzeln nacheinander sprechen: jaun jaun *Herr*
e	ä	wie in „B**e**tt": etxe ätschä *Haus*
	e	wenn ein a folgt wie in „B**ea**te": anderea andärea *die Frau*
ei	äj	wie in „H**ey**": hodei odäj *Wolke*
	ä	wenn n/l folgt: seilu shälju *Briefmarke*
eu	e'u	Laute nacheinander sprechen: Euskaraz e'ushkarass *auf Baskisch*
i	ie	langes „ie": gizon giesson *Mann*
ui	u'ie	Laute einzeln nacheinander sprechen: Suitza ssu'ieza *Schweiz*
	uj	als „u + j" wenn noch ein Selbstlaut folgt: **b**uia buja Boje

Mitlaute

Da das gelispelte „d" je nach Sprecher unterschiedlich ausfällt, haben wir es nicht eigens gekennzeichnet, Sie können einfach ein „d" sprechen.

b	b	Mitteldding zwischen „b" und „w": bero bäro *warm*
d	d	wie in „**D**orf": dut dut *es-habe-ich* im Wort auch gelispelt, fast wie ein englisches „th": uda uda *Sommer*
g	g	wie in „**g**ut": gizon giesson *Mann*
	(g)	zwischen a und o kaum sprechen: dago da(g)o *ist*
h	–	nicht sprechen: hemen ämän *hier*
	(ch)	im Norden leicht angedeutet: Guggenheim gugänchäjm *Guggenheim*

j	j	wie in „**J**ogurt": joan joan *gehen*
	ch	in Gipuzkoa wie in „Ba**ch**": jertse chärtshea *Pullover*
l	l	wie in „**L**eben": beltza bälza *schwarz*
	lj	steht ein i davor: oilo oljo *Huhn*
n	n	am Wortanfang immer wie in „**Name": non non *wo*
	nj	steht ein i davor: wie in „A**nj**a": baina banja *aber*
ñ	nj	wie in „A**nj**a": Iruñea ierunjea *Pamplona*
r	r	gerolltes „r": hiri ierie *Stadt*
	rr	bei Doppel-r und am Wortende lang rollen!: herri ärrrie *Volk* natorr natorr *komme(ich)*
s	sh	eine Art gelispeltes „sch": sudur shudur *Nase*
t	t	wie in „**T**or": tren trän *Zug* bei Endsilben -ten/-dan manchmal abgeschwächt zu einem „d"
ts	tsh	atso atsho *alte Frau*
tx	tsch	wie „tsch" in „**Tsch**echien"
tz	z	wie „z" in „Pi**zz**a": utzi uzie *lassen*
x	sch	wie „sch" in „**Sch**ule": kaixo kajscho *hallo*
z	ss	wie in „Ga**ss**e": zer ssärr *was*

Das n *wird niemals verschluckt, auch nicht am Wortende – immer schön ein deutliches* n *sprechen!*

Das baskische Alphabet ist: a b d e f g h i j k l m n ñ o p r s t u x z. Die Buchstaben c q v w y gehören zwar nicht zum Alphabet, tauchen aber dennoch in Fremdwörtern auf.

Wörter, die weiterhelfen

Sie sind gerade im Baskenland angekommen und brauchen eine nützliche Frage, um den Weg zu finden oder sich zu orientieren:

Non dago/daude...? – Wo ist/sind ...?

Non d·ago hotel·a?
non da(g)o otäla
wo es-ist Hotel-das[A]
Wo ist das Hotel?

Non d·aude komun·ak?
non daudä komunak
wo sie-sind Toilette-die[A]
Wo sind die Toiletten?

Non d·ago botika?
non da(g)o botieka
wo es-ist Apotheke-das[A]
Wo ist die Apotheke?

Non d·ago Larramendi kale·a?
non da(g)o larramändie kalea
wo es-ist Larramendi Straße-das[A]
Wo ist die Larramendi-Straße?

Non d·aude aparkaleku·ak?
non daudä aparkaläkuak
wo sie-sind Parkplatz-die[A]
Wo sind die Parkplätze?

Aber auch im Baskischen gibt es die alternative Frage mit „gibt es“:

Badago ...? - Gibt es?

Badago ogirik?
bada(g)o ogieriek
!-es-ist Brot-etwas
Gibt es Brot?

Badago pintxorik?
bada(g)o pientschoriek
!-es-ist Häppchen-etwas
Gibt es Tapas?

Badago garagardorik?
bada(g)o garagardoriek
!-es-ist Gerstenwein-etwas
Gibt es Bier?

Zer dago...-t(z)eko? - Was gibt es zu ...?

Zer dago jateko?
ssärr da(g)o jatäko
was es-ist essen-umzu
Was gibt es zu essen?

Zer dago edateko?
ssärr da(g)o ädatäko
was es-ist trinken-umzu
Was gibt es zu trinken?

... nahi dut/ditut - Ich möchte gern ...

Garagardo bat nahi dut.
garagardo bat naj dut
Gerstenwein eins Wunsch es-habe-ich
Ich möchte ein Bier.

Gela bat nahi dut.
gäla bat naj dut
Raum eins Wunsch es-habe-ich
Ich möchte ein Zimmer.

Bilbo·rako bi txartel nahi d·it·u·t.
bielborako bie tschartäl naj dietut
Bilbao-nach^{All}*des*^{Lok} *zwei Ticket Wunsch es-Mz-habe-ich*
Ich möchte zwei Fahrscheine nach Bilbao.

Baso bat ardo nahi d·u·t.
basho bat ardo naj dut
Glas eins Wein Wunsch es-habe-ich
Ich möchte ein Glas Wein.

Zenbat balio du? – Wie viel kostet das?

Zenbat balio d·u zinema·k?
ssänbat baliejo du ssienämak
wie viel Wert es-hat Kino-das^{E}
Wie viel kostet das Kino?

Zenbat balio d·u honek?
ssänbat baliejo du onäk
wie viel Wert es-hat dies^{E}
Wie viel kostet dies?

Zenbat balio d·u gela·k?
ssänbat baliejo du gälak
wie viel Wert es-hat Raum-das^{E}
Wie viel kostet das Zimmer?

Zenbat balio d·u kilo·ak?
ssänbat baliejo du kieloak
wie viel Wert es-hat Kilo-das^{E}
Wie viel kostet das Kilo?

Dieses & Jenes

Wie Sie schon anhand der ersten Sätze sehen konnten, wird lästigerweise im Baskischen alles mögliche in Form einer Endung an das Grundwort gehängt. Kennt man jedoch erst einmal eine Hand voll Endungen, ist es nur noch halb so wild! Hier die wichtigsten Fälle, die Sie so ähnlich auch aus dem Deutschen kennen auf einen Blick:

unbestimmt	best. Einzahl	best. Mehrzahl	
(Grundform!)	**-a**	**-ak**	*wer/was? (Abs)*
mendi	**mendi·a**	**mendi·ak**	*bei intransitiven*
Berg	*der Berg*	*die Berge*	*Tätigkeitswörtern*
seme	**seme·a**	**seme·ak**	
Sohn	*der Sohn*	*die Söhne*	
-(e)k	**-ak**	**-ek**	*wer/was? (Erg)*
mendi·k	**mendi·ak**	**mendi·ek**	*bei transitiven*
Berg	*der Berg*	*die Berge*	*Tätigkeitswörtern*
seme·k	**seme·ak**	**seme·ek**	
Sohn	*der Sohn*	*die Söhne*	
-(r)en	**-aren**	**-en**	*wessen? (Gen)*
seme·ren kotxe	**seme·aren kotxe**	**seme·en kotxe**	*Besitz eines Lebewesens*
Auto eines Sohnes	*... des Sohnes*	*... der Söhne*	
-(r)i	**-ari**	**-ei**	*wem/was? (Dat)*
mendi·ri	**mendi·ari**	**mendi·ei**	*das indirekte Objekt*
einem Berg	*dem Berg*	*den Bergen*	
seme·ri	**seme·ari**	**seme·ei**	
einem Sohn	*dem Sohn*	*den Söhnen*	

Sie sehen, es gibt keine Unterscheidung der Geschlechter beim Artikel – unterschieden wird nach bestimmt und unbestimmt, nach Ein- und Mehrzahl, sowie nach Fällen.

Was war noch der Unterschied zwischen unbestimmt und bestimmt? Nehmen wir z. B. lau etxe *und* lau etxe·ak. *Beides bedeutet „vier Häuser", aber ersteres sind vier Häuser, die der Sprecher nicht kennt, letzteres sind vier ganz bestimmte Häuser, die der Sprecher genau kennt.*

Zunächst muss man den Unterschied zwischen den beiden wichtigsten Fällen nor = *Absolutiv (Abs)* und nork = *Ergativ (Erg)* verstehen. Im Deutschen kennen wir ja für diesen sogenannten Wer-Fall oder ersten Fall oder Nominativ nur eine einzige Form.

nor – *wer/was? (Absolutiv)*

Der Absolutiv wird für Subjekte von intransitiven Tätigkeitswörtern benutzt, die kein Akkusativ-Objekt haben können, wie z. B. izan *sein* oder lo egin *schlafen*.

Um Wiederholung zu vermeiden, sind die Endungen immer in der Reihenfolge „unbestimmt, bestimmte Einzahl, bestimmte Mehrzahl" aufgeführt.

(Grundform)	-a	-ak
praka	**praka·(a)**	**praka·(a)k**
eine Hose	*die Hose*	*die Hosen*
ikasle	**ikasle·a**	**ikasle·ak**
ein Schüler	*der Schüler*	*die Schüler*

Etxe·a handi·a d·a.
ätschea andia da
Haus-das^A groß-das^A es-ist
Das Haus ist groß.

Apartamendu·ak handi·ak d·ira.
apartamänduak andiak diera
Apartment-die^A groß-die^A sie-sind
Die Apartments sind groß.

Ikasle·da.	**Lagun·ak geldi·tu d·ira.**
iekashlä da	lagunak gäldietu diera
Schüler-ein^{A} er-ist	*Freund-die^{A} verweilen sie-sind*
Er ist Schüler.	Die Freunde sind geblieben.

Was war noch der Akkusativ? Auch vierter Fall oder Wen-Fall genannt, denn man fragt danach mit „wen?". Für alle Absolutiv-Beispiele merkt man, dass es auf die Frage keine Antwort gibt. Wohl aber beim Ergativ:

nork – *wer/was? (Ergativ)*

Der Ergativ wird angewandt, wenn das Tätigkeitswort im Baskischen transitiv ist, d.h. ein Akkusativ-Objekt haben kann (z. B. ukan *haben,* ikusi *sehen*, jan *essen*).

-(e)k	-ak	-ek
ibilaldi·k	**ibilaldi·ak**	**ibilaldi·ek**
eine Reise	*die Reise*	*die Reisen*
ikaslari·k	**ikaslari·ak**	**ikaslari·ek**
ein Student	*der Student*	*die Studenten*

Für alle Fallendungen gilt: Treffen zwei a *aufeinander, entfällt eines! Trifft ein Selbstlaut auf das* (e)*, entfällt dies. Trifft ein Mitlaut auf das* (r)*, entfällt dies. Trifft ein Selbstlaut auf das* (r)*, wird das* r *verdoppelt.*

Etxe·ak leiho bat d·u.
ätschäak läjo bat du
Haus-das^{E} Fenster^{A} eins es-hat
Das Haus hat ein Fenster.

Etxe·ek leiho bat d·u·te.
ätscheäk läjo dat dutä
Haus-die^{E} Fenster^{A} eins es-haben-sie
Die Häuser haben ein Fenster.

Dieses & Jenes

Apartamendu·ek leiho bat d·u·te.
apartamänduäk läjo bat dutä
Apartment-die^{E} Fenster^{A} eins es-haben-sie
Die Apartments haben je ein Fenster.

Arrantzale·ek arrain·ak harrapa·tu d·it·uz·te.
arranzaleäk arranjak arrapatu dietusstä
Fischer-die^{E} Fisch-die^{A} packen es-Mz-haben-sie
Die Fischer haben die Fische gefangen.

Übrigens: In der Wort-für-Wort-Übersetzung wird der bestimmte Artikel immer mit „das" für die Einzahl und „die" für die Mehrzahl wiedergegeben.

Alles klar? Diese beiden Fälle müssen Sie sich gut merken, denn diese werden Sie sehr häufig brauchen. Zur Beruhigung können wir Ihnen allerdings sagen, dass man Sie auch versteht, wenn Sie nicht die korrekte Form verwenden.

Noch Folgendes: Im Baskischen verwendet man einen Artikel häufig auch da, wo wir es im Deutschen nicht tun:

Der Absolutiv ist immer mit einem ^{A} gekennzeichnet, der Ergativ mit einem ^{E}.

Guk ardo·a erein d·u·gu.
guk ardoa äräjn dugu
wir^{E} Wein-das^{A} säen es-haben-wir
Wir bauen Wein an.

Neben dem bestimmten Artikel gibt es aber auch noch die hinweisenden Fürwörter (Demonstrativpronomen). Im Deutschen machen wir nur den Unterschied zwischen „dies hier" und „jenes dort". Hingegen kennt man im Baskischen drei Entfernungen zwischen dem Sprecher und dem Objekt: hier vorn, dort, da (kann man nicht mehr drauf zeigen)!

Absolutiv		Ergativ		
lagun	lagun	**lagun·ek**	lagunäk	*ein Freund*
lagun·a	laguna	**lagun·ak**	lagunak	*der Freund*
lagun·ak	lagunak	**lagun·ek**	lagunäk	*die Freunde*
lagun hau	lagun au	**lagun honek**	lagun onäk	*dieser Freund hier*
lagun hauek	lagun auäk	**lagun hauek**	lagun auäk	*diese Freunde hier*
lagun hori	lagun orie	**lagun horrek**	lagun orrräk	*jener Freund dort*
lagun horiek	lagun orieäk	**lagun horiek**	lagun orieäk	*jene Freunde dort*
lagun hura	lagun ura	**lagun hark**	lagun ark	*jener Freund (weit)*
lagun haiek	lagun ajäk	**lagun haiek**	lagun ajäk	*jene Freunde (weit)*

beste lagun handi hori
bäshtä lagun andie orie
andere Freund groß jener[A]
jener andere große Freund dort

Hau nire etxe·a d·a.
au nierä ätschea da
dies[A] *mein Haus-das*[A] *es-ist*
Dies ist mein Haus.

Etxe hau polit·a d·a.
ätshä au polieta da
Haus dies[A] *hübsch-das*[A] *es-ist*
Dieses Haus ist hübsch.

Die hinweisenden Fürwörter können als Nomen *(dies ist ...)* oder als Erweiterung *(dieses Haus)* verwendet werden. Im letzteren Fall stehen sie im Gegensatz zum Deutschen hinter dem weiter zu bestimmenden Wort.

Will man der Aussage noch mehr Nachdruck verleihen, hängt man ein -(t)xe an:

Hori·xe esan d·u·t nik.
orrieschä äsan dut niek
jenes-! sagen es-habe-ich ich[E]
Das habe ich doch gesagt!

Bei anderen Fällen wird erst das -(t)xe und dann die Fallendung angehängt.

Verniedlichung

Im Baskischen verwendet man sehr häufig Verniedlichungsformen wie wir sie auch im Deutschen kennen: „Schätz**chen**". Zur Bildung wird einfach die Endung -txo zwischen Nomen und Fallendung eingefügt.

gazte·a	**gazte·txo·a**
gasstea	gasstätschoa
Junge-das[A]	*Junge-„chen"-das*[A]
der Jugendliche	der kleine Jugendliche

Persönliche Fürwörter.

Die gute Nachricht ist, selbst wenn Sie das persönliche Fürwort (Personalpronomen) nicht beugen, können Sie sich einigermassen verständlich machen, indem Sie es einfach mit einem Tätigkeitswort kombinieren. Na, Hauptsache die Botschaft kommt rüber!

Einzahl				
ni nie	**zu** ssu	**hura** ura	**bera** bära	*wer? – Absolutiv*
ich	*du/Sie*	*er/sie/es*	*er/sie/es*	
nik niek	**zuk** ssuk	**hark** arrk	**berak** bärak	*wer? – Ergativ*
ich	*du/Sie*	*er/sie/es*	*er/sie/es*	
nire nierä	**zure** ssurä	**haren** arän	**bere** bärä	*wessen? – Genitiv*
mein	*dein/Ihr*	*sein/ihr*	*sein/ihr*	
niri nierie	**zuri** ssurie	**hari** arie	**berari** bärarie	*wem? – Dativ*
mir	*dir/Ihnen*	*ihm/ihr*	*ihm/ihr*	
Plural				
gu gu	**zuek** ssuäk	**haiek** ajäk	**berak** bärak	*wer? – Absolutiv*
wir	*ihr*	*sie*	*sie*	
guk guk	**zuek** ssuäk	**haiek** ajäk	**berek** bäräk	*wer? – Ergativ*
wir	*ihr*	*sie*	*sie*	
gure gurä	**zuen** ssuän	**haien** ajän	**beren** bärän	*wessen? – Genitiv*
unser	*euer*	*ihre*	*ihre*	
guri gurie	**zuei** ssuäj	**haiei** ajäj	**berei** bäräj	*wem? – Dativ*
uns	*euch*	*ihnen*	*ihnen*	

Im Baskischen gibt es auch ein formloses „du“: hi(k). Da es kompliziert zu beugen ist, verwenden wir in diesem Buch nur das ohnehin höflichere „du“, bzw. „Sie“: zu!

Meist werden die persönlichen Fürwörter gar nicht mitangegeben, da sie im gebeugten Tätigkeitswort enthalten sind!

Hark etxe·ak d·it·u.
arrk ätschäak dietu
er^{E} Haus-die^{A} er-Mz-hat
Er besitzt die Häuser.

Jetzt haben Sie noch zwei weitere aus dem Deutschen bekannten Fälle näher kennen: gelernt: den Genitiv *(Wes-Fall, 2. Fall)* und den Dativ *(Wem-Fall, 3. Fall)*.

noren – *wessen? (Genitiv)*

Vergleichen Sie mit dem Genitiv-Lokativ im Kapitel „Verhältniswörter"

Der Genitiv fragt nach den Besitzverhältnissen mit „wessen" und meint damit meist ein Lebewesen.

-(r)en	**-aren**	**-en**
nekazari·ren	**nekazari·aren**	**nekazari·en**
eines Bauers	*des Bauers*	*der Bauern*
aita·ren	**aita·(a)ren**	**ait(a)·en**
eines Vaters	*des Vaters*	*der Väter*

Der Genitiv wird in der Wort-für-Wort-Übersetzung mit einem ^{G} dargestellt.

Koldo·k Amaia·ren esku·a har·tu d·u.
koldok amajarän äshkua artu du
Koldo^{E} Amaia^{G} Hand-das^{A} aufnehmen er-hat
Koldo hat die Hand von Amaia genommen.

nire lagun·aren liburu·a
nierä lagunarän lieburua
mein Freund-des^{G} Buch-das^{A}
das Buch meines Freundes

nekazari·en etxe·ak
näkassariän ätscheak
Bauer-der^{G} Haus-die^{A}
die Häuser der Bauern

nori – *wem? (Dativ)*

Wie im Deutschen markiert der Dativ das indirekte Objekt und beantwortet somit die Frage nach dem „wem".

-(r)i	-ari	-ei
andre·ri	**andre·ari**	**andre·ei**
einer Dame	*der Dame*	*den Damen*
jaun·i	**jaun·ari**	**jaun·ei**
einem Herrn	*dem Herrn*	*den Herren*

Gu amam·ari bisit·a egi·tera joan ...
gu amamarie bieshieta ägietära joan
wir Großmutter-das^{D} Besuch-das^{A} machen-zu gehen
Wir statteten Großmutter einen Besuch ab.

Der Dativ wird in der Wort-für-Wort-Übersetzung mit einem ^{D} dargestellt.

Hark lagun·ei opari·ak egin z·i·zki·e·n.
arrk lagunäj opariak ägien ssiesskieän
er^{E} Freund-den^{D} Geschenk-die^{A} machen
er-hat-Mz-ihnen-V
Er hat den Freunden Geschenke gemacht.

Steigern & Vergleichen

Die Eigenschaftswörter stehen immer hinter dem zu erweiternden Wort *(kleines Kind = Kind klein)* und dahinter dann wiederum die Fallendung, Fürwort oder Zahlwort:

haur txiki·a	**hotel berri hau**
aurr tschiekia	otäl bärrie au
Kind klein-das[A]	*Hotel neu dies*[A]
das kleine Kind	dieses neue Hotel
haur txiki horiek	**hotel berri bat**
aurr tschiekie orie'äk	otäl bärrie bat
Kind klein jene-dort[A/E]	*Hotel neu eins*
jene kleinen Kinder dort	ein neues Hotel

Nur der letzte Bestandteil dieser Einheit zeigt den Fall an. Ist das Eigenschaftswort jedoch ein Teil der Satzaussage (Prädikat), z. B. *groß sein*, bekommt es immer dieselbe Fallendung wie das vorangehende Subjekt:

Etxe·a handi·a d·a.
ätschäa andia da
Haus-das[A] *groß-das*[A] *es-ist*
Das Haus ist groß.

Etxe·ak handi·ak d·ira.
ätschäak andiak diera
Haus-die[A] *groß-die*[A] *sie-sind*
Die Häuser sind groß.

Intensivierung

Will man das Eigenschaftswort intensivieren, stellt man ihm einfach oso osho *sehr*, pixka bat pieschka bat *ein bisschen*, apur bat apurr bat *ein bisschen*, hain ajn *so* voran:

Bilbo oso polit·a d·a.
bielbo osho polieta da
*Bilbo*ᴬ *sehr schön-das*ᴬ *es-ist*
Bilbao ist sehr schön.

Eine andere Möglichkeit ist die Wiederholung des Eigenschaftswortes:

Bilbo polit-polit·a da.
bielbo poliet-polieta da
*Bilbo*ᴬ *schön-schön-das*ᴬ *es-ist*
Bilbao ist sehr schön.

Steigerung

Man bildet die erste Steigerungsstufe *(schöner)* durch Anhängen der Endung -ago, die zweite Steigerungsstufe *(schönste)* mit -en und den Exzessiv *(zu schön)* mit -egi:

gazte	**gazte·ago**	**gazte·en**	**gazte·egi**
gasstä	gassteago	gassteen	gassteegie
jung	*jünger*	*jüngste*	*zu jung*
handi	**handi·ago**	**handi·en**	**handi·egi**
andie	andiago	andie'än	andie'ägie
groß	*größer*	*größte*	*zu groß*

Die Fallendung wird dann wiederum an das Ganze angehängt:

Etxe·ak handi·ago·ak d·ira.
ätscheak andiagoak diera
Haus-die^{A} *groß-mehr-die*^{A} *sie-sind*
Die Häuser sind größer.

Oinetako·ak txiki·egi·ak.
ojnätakoak tschiekie.ägiak
Schuh-die^{A} *klein-zu-die*^{A}
Die Schuhe sind zu klein.

Zu den unregelmäßigen Eigenschaftswörtern gehören wie im Deutschen „gut“ und „viel“:

gut, besser, beste	**on**	**hobe**	**on·en/hobe·ren**
	on	obä	onän/obärän
viel, mehr, meiste	**asko, anitz**	**gehi·ago**	**gehi·en**
	ashko/aniez	gäjago	gä'ie'än

Vergleich

Etwas gewöhnungsbedürftig ist, dass man im Baskischen zwischen Qualität und Quantität unterscheidet:

A + B baino ...-ago	mehr als (Qualität)
A + B baino ... gehi·ago	mehr als (Quantität)
A + A bezain ...	so wie (Qualität)
A + A adina ...	so wie (Quantität)

Bilbo Donostia baino handi·ago·a d·a.
bielbo donoshtia banjo andie'agoa da
Bilbao SanSebastian als groß-mehr-das[A] *es-ist*
Bilbao ist größer als San Sebastián.

Antxon·ek Koldo·k baino liburu gehi·ago d·it·u.
antschonäk koldok banjo lieburu gäjago dietu
Antxon[E] *Koldo*[E] *als Buch mehr er-Mz-hat*
Antxon hat mehr Bücher als Koldo.

Aitziber Maddalen bezain polit·a d·a.
ajziebärr madalän bässajn polieta da
Aitziber Maddalen sowie hübsch-das[A] *es-ist*
Aitziber ist so hübsch wie Maddalen.

Mikel·ek Antxon·ek adina diska d·it·u.
miekäläk antschonäk adiena dieshka dietu
Mikel[E] *Antxon*[E] *ebensovielwie Schallplatte er-Mz-hat*
Mikel hat genauso viele Schallplatten wie Antxon.

ich bin – war
du bist – warst
er/sie/es ist – war
wir sind – waren
ihr seid – wart
sie sind – waren

Sein & Haben

Die zwei wichtigsten Hilfswörter sind das intransitive „sein“ und das transitive „haben“.

sein

Das Subjekt steht immer im Absolutiv!

Euskaldun·a n·aiz.
e'ushkalduna najss
Baskischsprechend-das^{A} ich-bin
Ich bin Baske.

Nire emazte·a d·a.
nirä ämasstea da
mein Gattin-das^{A} sie-ist
Das ist meine Frau.

Alkandor·a oso polit·a d·a.
alkandora osho polieta da
Hemd-das^{A} sehr schön-das^{A} es-ist
Das Hemd ist sehr schön.

izan iessan

	Gegenwart	**Vergangenheit**
ich bin – war	**ni naiz** nie najss	**nintzen** nienzän
du bist – warst	**zu zara** ssu ssara	**zinen** ssienjän
er/sie/es ist – war	**hura da** ura da	**zen** ssän
wir sind – waren	**gu gara** gu gara	**ginen** gienjän
ihr seid – wart	**zuek zarete** ssuäk ssarätä	**zineten** ssienätän
	haiek dira ajäk diera	**ziren** ssierän

sie sind – waren

Konponketa oso garesti·a / merke·a da.
konponkäta osho garäshtia / märkea da
Reparatur ganz teuer-das^{A} / *billig-das*^{A} *es-ist*
Die Reparatur ist sehr teuer / preiswert.

Im Allgemeinen markiert izan dauerhafte Zustände. Eine zweite Form für „sein" beschreibt einen vorübergehenden Zustand bzw. Aufenthaltsort: egon.

Donostia·n n·ago.
donoshtian na(g)o
SanSebastian-in^{Ine} *ich-bin*
Ich bin in San Sebastián.

Gaixo n·ago.
gajscho na(g)o
krank ich-bin
Ich bin krank.

Eguraldi on·a/txar·ra d·ago.
äguraldie ona/tscharra da(g)o
Wetter gut-das^{A}/*schlecht-das*^{A} *er-ist*
Es ist gutes/schlechtes Wetter.

Hodei handi·ak d·aude.
odäj andiak daudä
Wolke groß-die^{A} *sie-sind*
Es ist dicht bewölkt.

egon ägon	
Gegenwart	**Vergangenheit**
ni nago nie na(g)o	**nengoen** nängoän
zu zaude ssu ssaudä	**zeunden** ssäundän
hura dago ura da(g)o	**zegoen** ssägoän
gu gaude gu gaudä	**geunden** gäundän
zuek zaudete ssuäk ssaudätä	**zeundeten** ssäundätän
haiek daude ajäk daudä	**zeuden** ssäudän

haben

Es kann ein Akkusativ-Objekt (Objekt im 4. Fall/Wen-Fall) haben und ist daher transitiv, d.h. das Subjekt steht im Ergativ! Wie alle transitiven Tätigkeitswörter hat „haben" außerdem zwei verschiedene Formen: eine für ein Objekt in der Einzahl *(ich habe ein Haus)* und eine für ein Objekt in der Mehrzahl *(ich habe mehrere Häuser)*.

Transitive Tätigkeitswörter werden in der Wort-für-Wort-Übersetzung mit [T] markiert.

Nik etxe bat d·u·t.
niek ätschä bat dut
ich[E] Haus eins es-habe-ich
Ich habe ein Haus.

Nik etxe·ak d·it·u·t.
niek ätscheak dietut
ich[E] Haus-die[A] es-Mz-habe-ich
Ich habe Häuser.

	ukan ukan – *mit Akkusativ der 3. Person*	
	Gegenwart	**Vergangenheit**
ich habe – hatte	**nik d(it)ut** niek d(iet)ut	**n(it)uen** n(iet)uän
du hast – hattest	**zuk d(it)uzu** ssuk d(iet)ussu	**zen(it)uen** ssän(iet)uän
er/sie/es hat – hatte	**hark d(it)u** arrk d(iet)u	**z(it)uen** ss(iet)uän
wir haben – hatten	**guk d(it)ugu** guk d(iet)ugu	**gen(it)uen** gän(iet)uän
ihr habt – hattet	**zuek d(it)uzue** ssuäk d(iet)ussuä	**zen(it)u(z)ten** ssän(iet)u(ss)tän
sie haben – hatten	**haiek d(it)u(z)te** ajäk d(iet)u(ss)tä	**z(it)u(z)ten** ss(iet)u(ss)tän

Die Form für das Akkusativ-Objekt in der Mehrzahl wird durch das einfache Einschieben von einem -it- gebildet.

(Guk) etxe bat gen·u·en.
(guk) ätschä bat gänuän
(wir[E]) Haus eins wir-haben-V
Wir hatten ein Haus.

Seme bat d·u·gu.
shämä bat dugu
Sohn eins es-haben-wir
Wir haben einen Sohn.

Nire lagun·ak Karl d·u izen·a.
nierä lagunak karl du iessäna
mein Freund-das[E] Karl er-hat Name-das[A]
Mein Freund heißt Karl.

Wörtlich setzen sich die Gegenwartsformen zusammen aus „es-(Mz)-haben-X", wobei X für die Wahl aus „ich, du, er, wir, ihr, sie" steht. Die Vergangenheitsformen folgen dem Schema „X-(Mz)-haben-Vergangenheit".

Diese Formen gelten nur, wenn das Akkusativobjekt eine 3. Person ist. Ist eine 1./2. Person das Akkusativobjekt *(mich, dich, uns, euch)* sieht die Beugung ein bisschen anders aus:

ukan ukan – *mit Akkusativ der 1./2. Person*		
Gegenwart	**Vergangenheit**	**Subjekteinsatz**
nau-*	**nindu-*-n**	**-da-/(-t)** *ich*
zaitu-*	**zintu-*-n**	**-zu-** *du*
-------------	----------------	-/- *er/sie/es*
gaitu-*	**gintu-*-n**	**-gu-** *wir*
zaituzte-*	**zintuzte-*-n**	**-zue-** *ihr*
--------------	-----------------	**-te-** *sie*

Wörtlich setzen sich die Akkusativformen der 1./2. Person zusammen aus „X-haben-Y-(Vergangenheit)", wobei X für die Wahl aus „mich, dich, uns, euch" steht und Y für die Wahl aus „ich, du, er, wir, ihr, sie".

Maite z·aitu·t.
majtä ssajtut
Liebe dich-habe-ich
Ich liebe dich.

Maite z·intu·da·n.
majtä ssientudan
Liebe dich-habe[V]-ich-V
Ich liebte dich.

Und schließlich gibt es auch für „haben“ noch zweite Form: eduki. Hier wird die Mehrzahlform durch das Einschieben eines -z- gebildet. eduki beschreibt dabei einen vorübergehenden Zustand, während ukan dauerhafte Zustände markiert.

	eduki ädukie	
	Gegenwart	**Vergangenheit**
(ich) habe – hatte	**dau(z)kat** dau(ss)kat	**neu(z)kan** näu(ss)kan
(du) hast – hattest	**dau(z)kazu** dau(ss)kassu	**zeneu(z)kan** ssänäu(ss)kan
(er/sie/es) hat – hatte	**dau(z)ka** dau(ss)ka	**zeu(z)kan** ssäu(ss)kan
(wir) haben – hatten	**dau(z)kagu** dau(ss)kagu	**geneu(z)kan** gänäu(ss)kan
(ihr) habt – hattet	**dau(z)kazue** dau(ss)kassuä	**zeneu(z)katen** ssänäu(ss)katän
(sie) haben – hatten	**dau(z)kate** dau(ss)katä	**zeu(z)katen** ssäu(ss)katän

Ez daukat lanik.
äss daukat laniek
nicht es-habe-ich Arbeit-irgendein
Ich bin arbeitslos.

Verben & Zeiten

Fast alle anderen Tätigkeitswörter können nicht selbstständig gebeugt werden, sondern müssen zusammen mit dem gebeugten izan und ukan stehen. Viele dieser Tätigkeitswörter können ein indirektes Objekt, d.h. ein Dativ-Objekt haben. Den gewünschten Dativ setzt man einfach anstelle des Platzhalters * ein. Die transitiven Tätigkeitswörter, die gleichzeitig ein Akkusativ-Objekt haben können, haben ein Subjekt im Ergativ. Ihr Akkusativ-Objekt muss immer eine Sache oder 3. Person sein.

izan iessan – *nur mit Dativ-Objekt*		
Gegenwart	**Vergangenheit**	**Dativfürwort**
ni natzai-*	**nintzai-*-n**	**-da-/-t** *mir*
zu zatzaizki-*	**zintzaizki-*-n**	**-zu-** *dir/Ihnen*
hura zai-*	**zitzai-*-n**	**-o-** *ihr/ihm*
gu gatzaizki-*	**gintzaizki-*-n**	**-gu-** *uns*
zue zatzaizki-*-te	**zintzaizki-*-ten**	**-zue-** *euch*
haiek zaizki-*	**zitzaizki-*-n**	**-e-** *ihnen*

Das Dativfürwort -t *(mir) kann nur verwendet werden, wenn keine Endung mehr folgt. Sonst immer* -da- *verwenden.*

ukan ukan – *mit Dativ- + Akkusativ-Objekt*		
Gegenwart	**Vergangenheit**	**Dativfürwort**
nik di(zki)-*-t	**ni(zki)-*-n**	**-da-/-t** *mir*
zuk di(zki)-*-zu	**zeni(zki)-*-n**	**-zu-** *dir/Ihnen*
hark di(zki)-*	**zi(zki)-*-n**	**-o-** *ihr/ihm*
guk di(zki)-*-gu	**geni(zki)-*-n**	**-gu-** *uns*
zuek di(zki)-*-zue	**zeni(zki)-*-ten**	**-zue-** *euch*
haiek di(zki)-*-te	**zi(zki)-*-ten**	**-e-** *ihnen*

Gegenwartsform: „es-haben-(Mz)-Dativ-Subjekt^{E}". Vergangenheitsform: „Subjekt^{E}-(es)haben^{V}-(Mz)-Dativ-Vergangenheit".

Je nach Stand der Handlung – ob abgeschlossen, im Verlauf oder in der Zukunft – bekommt das Tätigkeitswort eine „Zustands"-Endung angehängt und dann die gebeugte Form von izan oder ukan nachgestellt. Gegenwart und Vergangenheit wird mit der entsprechenden Form von ukan und izan ausgedrückt. Vorab einmal die einfachen Formen im Vergleich:

eser·i da	er hat sich gesetzt
eser·i zen	er hat sich gesetzt
eser·tzen da	er setzt sich
eser·tzen zen	er setzte sich
eser·i·ko da	er wird sich setzen
eser·i·ko zen	er würde sich setzen
ikas·i du	er hat gelernt
ikas·i zuen	er hat gelernt
ikas·ten du	er lernt
ikas·ten zuen	er lernte
ikas·i·ko du	er wird lernen
ikas·i·ko zuen	er würde lernen

Handlung vollendet

Die Grundform besteht aus Stamm plus eventuell [tu], [du], [i], *z. B.* agur[tu], gal[du], eros[i].

Ist eine Handlung in der Gegenwart abgeschlossen worden, verwendet man die Grundform + gebeugte Form von izan/ukan.

Ni geldi·tu n·aiz.
nie gäldietu najss
ich verweilen ich-bin
Ich bin geblieben.

Beispiele mit einem Akkusativ-Objekt

Nik Mikel ikus.i n.u.en.
niek Miekäl iekushie nuän
ich^{E} Mikel sehen ich-habe-V
Ich habe Mikel gesehen.

Mikel.ek ni ikus.i n.indu.en.
miekäläk nie iekushie nienduän
Mikel^{E} ich sehen er-hat^{V}-V
Mikel hat mich gesehen.

Beispiel nur mit einem Dativ-Objekt.

Gu hotel.ari bisita egi.tera joan g.atzai.zki.o.
gu otälarie bieshieta ägietära joan gazajsskjo
wir^{A} Hotel-das^{D} Besuch-das^{A} machen-zu gehen wir-sind-Mz-es^{D}
Wir gehen dem Hotel einen Besuch abstatten.

Beispiele mit Dativ- und Akkusativ-Objekt.

(Nik) izozki bat ekarr.i d.i.zu.t.
(niek) iessosskie bat äkarrie diessut
(ich^{E})Eis eins bringen es-haben-dir^{D}-ich
Ich habe dir ein Eis mitgebracht.

(Hark) izozki batzu.k ekarr.i d.i.zki.gu.
(arrk) iessosskie bazuk äkarrie diesskiegu
(er^{E}) Eis einige^{A} bringen er-hat-Mz-uns^{D}
Er hat uns einige Eise mitgebracht.

Hark lagun.ei opari.ak egin z.i.zki.e.n.
arrk lagunäj opariak ägien ssiesskie'än
er^{E} Freund-den^{D} Geschenk-die^{A} machen er-hat^{V}-Mz-ihnen^{D}-V
Er hat den Freunden Geschenke gemacht.

Haiek lagunei opariak egin zizkieten.
ajäk lagunäj opariak ägien ssiesskie'ätän
sie[E] Freund-den[D] Geschenk-die[A] machen sie-haben[V]-Mz-ihnen[D]-V
Sie haben den Freunden Geschenke gemacht.

Handlung unvollendet

Tätigkeitswörter mit der Endung für unvollendete Handlungen sind in der Wort-für-Wort-Übersetzung mit [U] markiert.

Bei Handlungen die noch im Gange sind oder regelmäßig stattfinden, verwendet man den Stamm + -t(z)en + gebeugte Form izan/ukan.

Ni gelditzen naiz.
nie gäldiezän najss
ich verweilen[U] ich-bin
Ich bleibe.

Gaizki sentitzen naiz.
gajsskie shäntiezän najss
schlecht fühlen[U] ich-bin
Ich fühle mich schlecht.

Nik liburuak hartzen ditut.
niek lieburuak arzän dietut
ich[E] Buch-die[A] nehmen[U] es-Mz-habe-ich
Ich nehme die Bücher.

Kotxeak gasolina asko kontsumitzen du.
kotscheak gasholiena ashko kontshumiezän du
Auto-das[E] Benzin viel konsumieren[U] es-hat
Das Auto verbraucht viel Benzin.

Die besondere Konstruktion „gerade dabei sein“ bildet man aus Stamm + -t(z)en + ari + gebeugte Form von izan:

Gozoki batzuk jaten ari naiz.
gossoki bazuk jatän arie najss
Bonbon einige^A essen^U machen ich-bin
Ich bin dabei, einige Bonbons zu essen.

Ikasten ari naiz.
iekashtän arie najss
lernen^U machen ich-bin
Ich studiere.

Euria ari da.
e'uria arie da
Regen-das^A machen er-ist
Es regnet.

Ausnahme: „Es regnet“ hat nur ein Objekt!

Handlung zukünftig

Für zukünftige Handlungen verwendet man die Grundform + -ko/-go + gebeugte Form izan/ukan. Nur wenn der Stamm auf -n oder -l endet, wird -go verwendet.

Die Zukunftsendung wird in der Wort-für-Wort-Übersetzung mit „-werden“ wiedergegeben.

Izozkia jango duzue.
iessosskia jango dussuä
Speiseeis-das^A essen-werden es-habt-ihr
Ihr werdet Eis essen.

Euria botako du.
e'uria botako du
Regen-das^A werfen-werden es-hat
Es wird regnen.

unregelmäßige Tätigkeitswörter

Wie bereits erwähnt gibt es 18 Tätigkeitswörter, die manchmal ohne die Hilfswörter izan und ukan auskommen. Diese sind allesamt unregelmäßig!

	joan joan *gehen*	
	Gegenwart	**Vergangenheit**
ich gehe – ging	**ni noa** nie noa	**nindoan** niendoan
du gehst – gingst	**zu zoaz** ssu ssoass	**zindoazen** ssiendoassän
er/sie/es geht – ging	**hura doa** ura doa	**zihoan** ssiechoan
wir gehen – gingen	**gu goaz** gu goass	**gindoazen** giendoassän
ihr geht – gingt	**zuek zoazte** ssuäk ssoasstä	**zindoazten** ssiendoasstän
sie gehen – gingen	**haiek doaz** ajäk doass	**zihoazen** ssiechoassän

	etorr[i] ätorrie *kommen*	
	Gegenwart	**Vergangenheit**
ich komme – kam	**ni nator** nie natorr	**nentorren** näntorrän
du kommst – kamst	**zu zatoz** ssu ssatoss	**zentozen** ssäntossän
er/sie/es kommt – kam	**hura dator** ura datorr	**zetorren** ssätorrän
wir kommen – kamen	**gu gatoz** gu gatoss	**gentozen** gäntossän
ihr kommt – kamt	**zuek zatozte** ssuäk ssatosstä	**zentozten** ssäntosstän
sie kommen – kamen	**haiek datoz** ajäk datoss	**zetozen** ssätossän

	ekarr[i] äkarrie *bringen*[T]	
	Gegenwart	**Vergangenheit**
ich bringe – brachte	**nik dakart** niek dakart	**nekarren** näkarrän
du bringst – brachtest	**zuk dakarzu** ssuk dakarssu	**zenekarren** ssänäkarrän
er/sie/es bringt – brachte	**hark dakar** arrk dakarr	**zekarren** ssäkarrän
wir bringen – brachten	**guk dakargu** guk dakargu	**genekarren** gänäkarrän
ihr bringt – brachtet	**zuek dakarzue** ssuäk dakarssuä	**zenekarten** ssänäkartän
sie bringen – brachten	**haiek dakarte** ajäk dakartä	**zekarten** ssäkartän

Da ekarr[i] transitiv ist, gibt es jeweils noch eine zweite Form für ein Objekt in der Mehrzahl. Dazu wird ein -tza- nach -kar- eingefügt, bei den Vergangenheitsformen müssen Sie jedoch bei den ersten vier Formen erst von -karre- das -re- streichen, z. B. nekartzan.

jakin jakien *kennen, wissen*T		
Gegenwart	**Vergangenheit**	
nik dakit niek dakiet	**nekien** näkie'än	*ich weiß – wusste*
zuk dakizu ssuk dakiessu	**zenekien** ssänäkie'än	*du weißt – wusstest*
hark daki arrk dakie	**zekien** ssäkie'än	*er/sie/es weiß – wusste*
guk dakigu guk dakiegu	**genekien** gänäkie'än	*wir wissen – wussten*
zuek dakizue ssuäk dakiessuä	**zenekiten** ssänäkietän	*ihr wisst – wusstet*
haiek dakite ajäk dakietä	**zekiten** ssäkietän	*sie wissen – wussten*

Zur Bildung der Form für Objekte in der Mehrzahl wird bei jakin ganz regelmäßig aus dem -ki- ein -kizki-, z. B. zuk dakizkizu und zuk zenekizkien.

Die anderen 14 können hier aus Platzgründen nicht eingefügt werden.

erabil[i]	benutzen	**iraun**	dauern
eman	geben	**ario**	herausfließen
entzun	hören	**ezagut[u]**	kennen
etzan	liegen	**egin**	machen
ihardun	machen	**esan**	sagen
irudi	scheinen	**ikus[i]**	sehen
eraman	tragen	**ibil[i]**	gehen

Modalverben (können, wollen, müssen)

Auch diese Wörtchen werden im Baskischen von den Hilfswörtern izan und ukan abgeleitet und nach Objektart unterschieden.

kann, konnte, könnte

In dieser Kategorie unterscheidet man Gegenwart, Vergangenheit und Möglichkeit. Das Tätigkeitswort steht dabei immer in seiner Stammform (ohne die Anhängsel [tu], [du], [i]) vor dem gebeugten Hilfswort izan oder ukan.

kann, konnte, könnte …

izan iessan — *mit „können"*		
Gegenwart	**Vergangenheit**	**Möglichkeit**
naiteke	**nintekeen**	**ninteke**
zaitezke	**zintezkeen**	**zintezke**
daiteke	**zitekeen**	**liteke**
gaitezke	**gintezkeen**	**gintezke**
zaitezkete	**zintezketen**	**zintezkete**
daitezke	**zitezkeen**	**litezke**

Ni ibil n·aite·ke.
nie iebiel najtäkä
ichA gehen ich-bin-können
Ich kann/darf gehen.

Gu etor g·intez·ke·en.
gu ätorr gientässkeen
wirA kommen wir-sindV-können-V
Wir konnten kommen.

Es gibt noch mehr Formen für izan, die davon abhängig sind, ob ein Dativ-Objekt hinzutritt, aber im Rahmen dieses Büchleins wäre das einfach zu viel!

kann, konnte, könnte

ukan ukan – *mit „können“*			
Gegenwart	**Vergangenheit**	**Möglichkeit**	**Möglich. Mz.**
dezaket	**nezakeen**	**nuke**	**nituzke**
dezakezu	**zenezakeen**	**zenuke**	**zenituzke**
dezake	**zezakeen**	**luke**	**lituzke**
dezakegu	**genezakeen**	**genuke**	**genituzke**
dezakezue	**zenezaketen**	**zenukete**	**zenituzkete**
dezakete	**zezaketen**	**lukete**	**lituzkete**

Beste botila bat ekarr de·za·ke·zu?
bäshtä botielja bat äkar dässakässu
andere Flasche eins bringen es-hat-können-Sie
Können Sie eine andere Flasche bringen?

Gatz·a eta piperrauts·a ekarr d·i·tza·ke·zu?
gaza äta piepärrautsha äkarr diezakässu
Salz-das^{A} *und Pfeffer-das*^{A} *bringen sie-haben-können-Sie*
Können Sie Salz und Pfeffer bringen?

fähig sein, können

Mit ahal [izan] kann man „können“ im Sinne einer Fähigkeit ausdrücken. Sie müssen einfach nur die benötigte gebeugte Form von izan ergänzen – und schon ist es fertig! Es wird seltener und regional unterschiedlich gebraucht; entweder mit der Endung für unvollendete Handlungen oder mit der Grundform mit ihren Anhängseln [tu], [du], [i]:

Euskara ikasten/ikasi ahal dut.
e'ushkara iekashtän/iekashie a'al dut
Baskisch[A] lernen[U]/lernen Fähigkeit es-habe-ich
Ich kann Baskisch lernen.

möchten, wollen

Einen Wunsch äußert man mit nahi [ukan]. Auch hier müssen Sie nur die benötigte gebeugte Form von ukan ergänzen. Das dazugehörige Tätigkeitswort lassen Sie einfach in der Grundform mit seinen Anhängseln stehen.

Baso bat ardo nahi d·u·t, mesedez.
basho bat ardo naj dut mäshädäss
Glas eins Wein[A] *Wunsch es-habe-ich*
Ich möchte ein Glas Wein.

Liburu hori erosi nahi d·u·t.
lieburu orie äroshie naj dut
Buch jenes[A] *kaufen Wunsch es-habe-ich*
Ich möchte jenes Buch dort kaufen.

Wie im Deutschen kann man den Wunsch mit „hätten" verstärken, bzw. höflicher machen. Man kombiniert ganz einfach mit der Möglichkeitsform von ukan.

Gela bat nahi·ko n·u·ke.
gäla bat najko nukä
Zimmer eins[A] *Wunsch-! ich-hätte-können*
Ich hätte gern ein Zimmer.

Das -ko abstrahiert den Begriff „Wunsch" und wird in der Wort-für-Wort-Übersetzung mit „!" wiedergegeben.

Hiru nahi n·it·uz·ke, gaur arrats·erako.
ieru naj nietusskä gaurr arratshärako
drei[A] *Wunsch ich-Mz-hätte-können heute Abend-für*
Ich hätte gern drei für heute Abend.

mögen

Mag man etwas lieber, verwendet man im Baskischen nahi·ago [ukan] = *Wunsch-mehr haben* und verwendet somit einfach die erste Steigerungsstufe für Eigenschaftswörter. Geht es wirklich um Liebe, verwendet man maite [ukan] = *lieb haben, lieben*. Und wenn etwas gefällt, nimmt man atsegin [ukan] = *angenehm haben*.

Hau nahi·ago d·u·t.
au najago dut
dies[A] *Wunsch-mehr es-habe-ich*
Ich mag dies lieber.

Maite z·aitu·t.
majtä ssajtut
lieb dich[E]*-habe-ich*
Ich liebe dich.

Kolore hau atsegin d·u·t.
kolorä au atshägien dut
Farbe dies[A] *angenehm es-habe-ich*
Die Farbe gefällt mir.

brauchen, müssen, sollen

Eine Notwendigkeit äußert man mit behar [ukan]. Sie müssen nur die benötigte gebeugte Form von ukan ergänzen. Das eventuell dazugehörige Tätigkeitswort lassen Sie in der Grundform mit seinen Anhängseln stehen:

Mekanikari bat behar dut.
mäkaniekarie bat be'ar dut
Mechaniker eins[A] *Notwendigkeit es-habe-ich*
Ich brauche einen Mechaniker.

Laguntza behar dut.
lagunza be'arr dut
Hilfe[A] *Notwendigkeit es-habe-ich*
Ich brauche Hilfe.

Das -tza *macht aus dem Tätigkeitswort ein Hauptwort:* lagun(du) = *helfen;* laguntza = *Hilfe.*

Joan behar duzu.
joan be'arr dussu
gehen Notwendigkeit es-hat-Sie
Sie müssen gehen.

Verneinung

Verneint werden die gebeugten Formen von „sein" und „haben" durch Voranstellen von ez. Sie müssen vor das Objekt und weitere Tätigkeitswörter gestellt werden:

Ondo sentitzen naiz.	**Ez naiz ondo sentitzen.**
ondo shäntiezän najss	äss najss ondo shäntiezän
gut fühlen[U] *ich-bin*	*nicht ich-bin gut fühlen*[U]
Ich fühle mich gut.	Ich fühle mich nicht gut.

Ez dizkigute ekarri.
äss diesskiegutä äkarrie
nicht es-hat-Mz-uns-sie bringen.
Sie haben sie uns nicht gebracht.

Verneinung

Ist das Subjekt des Satzes nicht nur in der Form von „haben“ oder „sein“ enthalten, steht es am Satzanfang:

Kotxe·a ez d·a ibil·tzen.
kotschea äss da iebielzän
Auto-das^{A} *nicht es-ist gehen*^{U}
Mein Auto fährt nicht.

Autobus·a ez d·ago hemen.
autobusha äss da(g)o ämän
Bus-das^{A} *nicht es-ist hier*
Der Bus ist nicht da.

Oftmals wird bei der Verneinung verstärkend ein -(r)ik *irgendein* an das Akkusativobjekt angehängt und bringt so unser „kein“ zum Ausdruck.

Maddalen·ek liburu bat har·tu d·u.
madalänäk lieburu bat arrtu du
Magdalene^{E} *Buch eins*^{A} *nehmen sie-hat*
Magdalene hat ein Buch genommen.

Maddalen·ek ez d·u liburu·rik har·tu.
madalänäk äss du liebururiek arrtu
Magdalene^{E} *nicht sie-hat Buch-irgendein nehmen*
Magdalene hat kein Buch genommen.

Ez d·u·t gasolina·rik.
äss dut gasholienariek
nicht es-habe-ich Benzin-irgendein
Ich habe kein Benzin.

Um „ohne“ im Baskischen zu sagen, nimmt man gabe, welches im Gegensatz zum Deutschen meist nachgestellt wird:

gasolinarik gabe	**jakin gabe**
gasholienariek gabä	jakien gabä
Benzin-irgendein ohne	*wissen ohne*
ohne Benzin	ohne zu wissen

Wie Sie sehen, kann die Aussage noch durch Anhängen von -(r)ik an das Nomen verstärkt werden. Außerdem kann gabe ganz formlos Tätigkeitswörtern nachgestellt werden.

Verhältniswörter

Verhältniswörter werden ebenfalls durch Anhängen von Endungen an das betroffene Wort ausgedrückt. Die meisten von Ihnen sind im Baskischen Fälle, d.h. sie haben jeweils drei verchiedene Formen für unbestimmt, bestimme Einzahl und bestimmte Mehrzahl (immer in dieser Reihenfolge).

in, an, bei – *örtlich*

Diese deutschen Verhältniswörter kann man auf verschiedene Weise wiedergeben. Einmal durch den Inessiv, der die Frage nach dem „wo?“, „worin?“ oder „bei wem?“ beantwortet, oder durch den Genitiv-Lokativ.

Inessiv (non) – *wo? worin? bei wem?*		
-(e)tan	**-(e)an/-(e)n**	**-etan**
hoteletan	**hotelean**	**hoteletan**
in einem Hotel	*in dem Hotel*	*in den Hotels*
-(r)engan	**-arengan**	**-engan**
semerengan	**semearengan**	**semeengan**
bei einem Sohn	*... dem Sohn*	*... den Söhnen*

Für den Inessiv gibt zwei verschiedene Formen: für Orte und für Personen. Immer hängt man die Fallendung an das letzte Wort des Nominalkomplexes *(dieses große Haus)* an:

Etxean dago.
ätsche'an da(g)o
Haus-das-in[Ine] *er-ist*
Er ist im Haus.

Etxe handian dago.
ätschä andie'an da(g)o
Haus groß-das-in[Ine] *er-ist*
Er ist im großen Haus.

etxearen barnean
ätsche'arän barnean
Haus-das[G] *Innere-das-in*[Ine]
im Haus(inneren) / im Inneren des Hauses

Zarautzen bizi naiz.
ssarauzän biessie najss
Zarautz-das-in[Ine] *Leben ich-bin*
Ich wohne in Zarautz.

kalearen bihurgunean
kalearän bie'urrgunean
Straße-das[G] *Biegung-das-an*[Ine]
an der Ecke der Straße / an der Straßenecke

Hiru aste opor d·it·u·gu Euskal Herri·an.
ieru ashtä oporr dietugu e'ushkal ärrian
drei Woche Urlaub[A] es-Mz-haben-wir baskisch Land-das-in[Ine]
Wir machen drei Wochen Urlaub im Baskenland.

Lokativ-Genitiv (nongo) – *wessen?*		
-(e)tako	**-(e)ko/-go**	**-etako**
etxetako	**etxe·ko**	**exte·etako**
eines Hauses	*des Hauses*	*der Häuser*
in einem Haus	*im Haus*	*in den Häusern*

Der normale Genitiv für Lebewesen kann keine Ortsangabe darstellen!

Es ist es eine Art Genitiv, der die Zughörigkeit von Dingen zueinander auszudrückt. Die bestimmte Endung -go wird verwendet, wenn das Wort auf -n oder -l endet.

etxe·ko gela
ätschäko gäla
Haus-das-von[Lok] Raum-das[A]
des Hauses Zimmer/das Zimmer im Haus

Bilbo·ko Guggenheim Museo·a
bielboko gugänchäjm musheoa
Bilbao-das-von[Lok] Guggenheim Museum-das[A]
das Guggenheim Museum in Bilbao/
das Bilbaoer Guggenheim Museum

Donostia·ko hondartza·k
donoshtiako ondarrzak
SanSebastian-das-von[Lok] Strand-die[A]
die Strände in San Sebastián

aus, von – *örtlich*

Auch hier gibt es wieder mehrere Möglichkeiten das deutsche „aus“ und „von“ wiederzugeben. Hier können Sie in bestimmten Fällen auch den soeben kennen gelernten Genitiv-Lokativ verwenden. Sonst verwenden Sie jedoch den Ablativ, der auf die Frage nach dem „woher“ oder „von wem kommend“ Auskunft gibt.

Baiona·ko autobus·a
bajonako autobusha
Bayonne-das-von^{Lok} Bus-das^{A}
der Bus aus Bayonne / der Bayonner Bus

Ablativ (nondik) – *woher? von wem?*		
-(e)tatik	**-(e)tik / -dik**	**-etatik**
tren·etatik	**tren·etik**	**tren·etatik**
aus einem Zug	*aus dem Zug*	*aus den Zügen*
-(r)engandik	**-arengandik**	**-engandik**
izeba·rengandik	**izeba·(a)rengandik**	**izeb(a)·engandik**
von einer Tante	*von der Tante*	*von den Tanten*

Hondartza·tik n·ator.
ondarrzatiek natorr
Strand-das-aus^{Abl} ich-komme
Ich komme vom Strand.

Azoka·ko enparantza·tik hurbil d·ago.
assokako enparanzatiek urrbiel da(g)o
Markt-das-von^{Lok} Platz-das-aus^{Abl} nahe es-ist
Es ist in der Nähe vom Marktplatz.

zu, nach, bis – *örtlich*

Für das deutsche „zu" und „nach" verwendet man den Allativ, der über die Richtung Auskunft gibt, für das „bis" den Approximativ.

Allativ (nora) – *wohin? zu wem?*		
-(e)tara	**-(e)ra**	**-etara**
etxe·tara	**etxe·ra**	**etxe·etara**
zu einem Haus	*... dem Haus*	*... den Häusern*
-(r)engana	**-arengana**	**-engana**
ama·rengana	**ama·(a)rengana**	**ama·engana**
zu einer Mutter	*zu der Mutter*	*zu den Müttern*

Etxe·ra/hondartza·ra n·oa.
ätschära/ondarrzara noa
Haus-das-zu^{All}/Strand-das-zu^{All} ich-gehe
Ich gehe nach Hause / zum Strand.

Ni eskola·ra egun·ero joa·ten n·aiz.
nie äshkolara ägunäro joatän najss
ich Schule-das-zu^{All} Tag-alle gehen^{U} ich-bin
Ich gehe jeden Tag zur Schule.

Bere aita·rengana d·oa.
bärä ajtarängana doa
sein Vater-das^{All} er-geht
Er geht zu seinem Vater.

Donostia·ra·ko txartel bat.
donoshtiarako tschartäl bat
SanSebastian^{All}-von^{Lok} Fahrkarte eins^{A}
Eine Fahrkarte nach San Sebastián.

Diesen Fall kann man nicht für Lebewesen verwenden!

Approximativ (noraino) – *bis wo?*		
-(e)taraino	**-(e)raino**	**-etaraino**
hiri·taraino	**hiri·raino**	**hiri·etaraino**
bis zu einer Stadt	*...der Stadt*	*...den Städten*

Portu·raino dena zuzen z·oaz.
porturajno däna ssussän ssoass
Hafen-das-bis^App alles gerade Sie-gehen
Gehen Sie geradeaus bis zum Hafen.

auf, vor, hinter & Co. – *örtlich*

Um eine Position anzugeben, stellen Sie einfach eine der nachfolgenden Kombinationen hinter den Ort:

(-(a)ren) gain·ean	*-das^G Gipfel-das^Ine*	auf
-(a)ren azpi·an	*-das^G unten-das^Ine*	unter
-(a)ren atze·an	*-das^G hintere-das^Ine*	hinter
-(a)ren aurre·an	*-das^G vor-das^Ine*	vor
-(a)ren aitzin·ean	*-das^G vor-das^Ine*	vor
aurre·an	*vor-das^Ine*	gegenüber
-(a)ren arte·an	*-das^G bis-das^Ine*	zwischen
-(a)ren albo·an	*-das^G Seite-das^Ine*	neben, bei
-(a)ren barne·an	*-das^G innere-das^Ine*	innerhalb
-tik kanpo/at	*-das^Abl außerhalb*	außerhalb
-tik zehar	*-das^Abl durch*	über, via
-(e)an zehar	*-das^Ine durch*	durch

Liburu bat d·ago mahai·an / mahai gain·ean.
lieburu bat da(g)o ma'ajan / ma'aj gajnean
Buch eins^A es-ist Tisch-das-auf^Ine / Tisch Gipfel-das^Ine
Es ist ein Buch auf dem Tisch.

herri·tik zehar
ärrietiek ssä'arr
Dorf-das-aus[Abl] durch
über das Dorf

mahastegi·an zehar
ma'ashtägian ssä'arr
Weinberg-das-in[Ine] durch
durch den Weinberg

ispilu·aren aurre·an
ieshpieljuarän aurrean
Spiegel-das[Gen] vor
vor dem Spiegel

etxe·aren albo·an
ätschearän alboan
Haus-das[Gen] Seite
neben dem Haus

etxe·tik kanpo/at
ätschätiek kanpo/at
Haus-das-aus[Abl] außerhalb
außerhalb des Hauses / draußen

mit, mittels, mit Hilfe von

Einerseits gibt es das Miteinander, dass mit dem Assoziativ zum Ausdruck gebracht wird, und andererseits das „mit Hilfe von", was mit dem Instrumental ausgedrückt wird:

Assoziativ (norekin) – *mit wem? mit was?*		
-(r)ekin	**-arekin**	**-ekin**
ostari·rekin	**ostari·arekin**	**ostari·ekin**
mit einem Gast	*mit dem Gast*	*mit den Gästen*
limoi·rekin	**limoi·arekin**	**limoi·ekin**
mit einer Zitrone	*... der Zitrone*	*... den Zitronen*

lagun·ekin topaketa
lagunäkien topakäta
Freund-die-mit[Ass] Treffen
ein Treffen mit Freunden

Im Assoziativ gibt es auch weitere Formen für die persönlichen Fürwörter:

nirekin	**zurekin**	**harekin**	**berekin**
nieräkien	ssuräkien	aräkien	bäräkien
mit mir	*...dir/Ihnen*	*...ihm/ihr*	*...ihm/ihr*
gurekin	**zuekin**	**haiekin**	**berekin**
guräkien	ssuäkien	ajäkien	bäräkien
mit uns	*mit euch*	*mit ihnen*	*mit ihnen*

Instrumental (zerez) – *aus/mit was? durch wen?*		
-(e)z	**-az**	**-ez**
zotz·ez	**zotz·az**	**zotz·ez**
mittels einem Stab	*... dem Stab*	*... den Stäben*
aus einem Stab	*... dem Stab*	*... den Stäben*
sem·ez	**seme·az**	**seme·ez**
durch einen Sohn	*... den Sohn*	*... die Söhne*

Baietz esa·ten d·u buru·az.
bajäz äshatän du buruass
ja sagen^{U} *er-hat Kopf-das-mit*^{Ins}
Er sagt mit dem Kopf ja.

Txinatarr·ek zotz·ez balia·tzen d·ira.
tschienatarräk ssozäss baliazän diera
Chinese-die^{E} *Stäbchen-die-mit*^{Ins} *benutzen*^{U} *sie-sind*
Die Chinesen benutzen Stäbchen.

Karl·ek neke·z hitz egi·ten d·u euskera·z.
karläk näkäss iez ägietän du e'ushkarass
Karl^{E} *Mühe-mit*^{Ins} *Wort sprechen*^{U} *er-hat Baskisch-das-mit*^{Ins}
Karl spricht mit Mühe Baskisch.

Auch für den Instumental gibt es weitere Formen für die persönlichen Fürwörter:

nitaz	**zutaz**	**hartaz**	**beraz**
nietass	ssutass	arrtass	bärass
durch mich	*...dich/Sie*	*...ihn/sie*	*...ihn/sie*
gutaz	**zuetaz**	**haietaz**	**berez**
gutass	ssuätass	ajätass	bäräss
durch uns	*durch euch*	*durch sie*	*durch sie*

für, zugunsten, wegen

Der Benefaktiv beantwortet die Frage nach dem „für wen?“, der Motivativ gibt Auskunft über das „wegen wem?“ und der Prolativ über das „für wen halten?“.

Benefaktiv (norentzat) – *für wen?*		
-(r)entzat	**-arentzat**	**-entzat**
alaba·rentzat	**alaba·(a)rentzat**	**alab·entzat**
für eine Tochter	*für die Tochter*	*für die Töchter*

Alkandora hauek zure aita·rentzat d·ira.
alkandora auäk ssurä ajtaränzat diera
Hemd diese(hier)^{A} *Ihr Vater-das-für*^{Ben} *sie-sind*
Diese Hemden sind für deinen Vater.

niretzat	**zuretzat**	**harentzat**	**beretzat**
nieräzat	ssuräzat	aränzat	bäräzat
für mich	*...dich/Sie*	*...ihn/sie*	*...ihn/sie*
guretzat	**zuentzat**	**haientzat**	**berentzat**
guräzat	ssuänzat	ajänzat	bäränzat
für uns	*für euch*	*für sie*	*für sie*

Izozki·ak zu·retzat d·ira.
iessosskiak ssuräzat diera
Speiseeis-die ihr-für^{Ben} *sie-sind*
Die Eisbällchen sind für euch.

Motivativ (norengatik) – *weshalb? wegen wem?*		
-(r)engatik	**-arengatik**	**-engatik**
seme·rengatik	**seme·arengatik**	**seme·engatik**
eines Sohnes wegen	*des Sohnes ...*	*der Söhne ...*

Nor·engatik egi·ten d·u·zu?
norängatiek ägietän dussu
wer-wegen^{Mot} *tun*^{U} *es-haben-Sie*
Wessentwegen tun Sie das?

Ume·arengatik egi·ten d·u·t.
umearängatiek ägietän dut
Kind-das-wegen^{Mot} *machen*^{U} *es-habe-ich*
Ich tue es für das Kind.

Prolativ (nortzat) – *für was halten?*

Es gibt diesen Fall nur mit dem unbestimmten Artikel: -tzat.

Nik hura azkar·tzat d·u·t.
niek ura asskarrzat dut
ich^{E} *er schnell-halten-für*^{Pro} *es-habe-ich*
Ich halte ihn für schnell.

Fragen

Man kann aus einem Aussagesatz einen Fragesatz machen, indem man einfach ein Fragezeichen anhängt oder in der gesprochenen Sprache die Intonation verändert. Man kann auch ein al vor das Hilfswort stellen.

Beste botila bat ekarr de·za·ke·zu?
bäshtä botielja bat äkar dässakässu
andere Flasche eins[A] bringen es-haben-können-Sie
Können Sie eine andere Flasche bringen?

Hau al d·a Donostia·ko autobus·a?
au al da donoshtiako autobusha
das-hier[A] ? es-ist SanSebastian-von[Lok] Bus-das[A]
Ist das hier der Bus nach San Sebastián?

Eine weitere Möglichkeit ist die Verwendung des affirmativen ba-, welches Sie einfach vorne an das Hilfswort anfügen. Es entspricht unserer rhetorischen Frage.

Sartze·rik ba·d·ago?
sharzäriek badago
Eintritt-Umst !-es-ist
Kann ich reinkommen?

Ba·d·ago ogi·rik?
badago ogieriek
!-es-ist Brot-irgendein
Gibt es Brot?

Die Endsilbe -(r)ik *kann „irgendein" bedeuten oder aus dem Wort ein Umstandswort machen.*

Aireportu·rako lotura·rik ba·d·ago?
ajräporturako loturariek bada(g)o
Flughafen-nach Anschluss-irgendein !-es-ist
Gibt es eine Verbindung zum Flughafen?

Fragen

Fragewörter rücken an den Satzanfang und stehen unmittelbar vor dem Hilfswort:

Nondik zatoz?	**Nongoa zara?**
nondiek ssatoss	nongoa ssara
woher sie-kommen	*wessen-das*[A] *sie-sind*
Woher kommen Sie?	Woher sind Sie?

Fragewörter

wann		**noiz**	nojss
warum	Mot	**zergatik**	ssärgatiek
was	Ez,A / Mz,A	**zer/-tzuk**	ssär/-zuk
welcher	Ez / Mz,A	**zein/-tzuk**	ssäjn/-zuk
	Ez,E	**zeinek**	ssäjnäk
	Mz,E	**zeintzuk**	ssäjnzuk
wem	Person,D	**nori**	norie
	Sache,D	**zeini**	ssäjnie
wen	A	**nor**	nor
wer	Ez,A / Mz,A	**nor/-tzu**	nor/-zu
	Ez,E	**nork**	nork
wessen	G	**noren**	norän
	Lok	**nongo**	nongo
wie		**nola**	nola
wie viel	Ez	**zenbat**	ssänbat
	Mz	**zenbatzuk**	ssänbazuk
wo	Ine	**non**	non
woher	Abl	**nondik**	nondiek
wohin	All	**nora**	nora
womit	Ins	**zerez**	ssäräss
woraus	Ins	**zerez**	ssäräss
worin	Ine	**zertan**	ssärtan
worüber	Ins	**zertaz**	ssärtass

„Bis wann?" heißt noiz arte.

„Welcher Art?" heißt nolako.

„Mit wem?" heißt norekin *im Assoziativ, „zu wem?" heißt* norengana *im Allativ.*

„Für wen?" heißt norentzat *im Benefaktiv.*

Zenbat zarete etxean?
ssänbat ssarätä ätschean
wie-viel ihr-seid Haus-das-in[Ine]
Zu wie viel seid ihr zu Hause?

Nola duzu izena?
nola dussu iessäna
wie es-haben-Sie Name[A]
Wie heißen Sie?

Bindewörter

Auch im Baskischen gibt es natürlich viele Wörtchen, um lange Sätze zu kreieren:

eta/baina	äta/banja	und/aber
ala/edo	ala/ädo	oder
(baita) ere	(bajta) ärä	auch
gainera	gajnära	darüber hinaus
(ez) ba-	(äss) ba-	wenn (nicht)
-t(z)eko	-täko	um zu
-(e)la	-(ä)la	dass
gabe	gabä	ohne dass
-(e)lako	-(ä)lako	weil, da
-(e)n	-(ä)n	das, welches

Die Wörter mit Bindestrich müssen ans Tätigkeitswort angefügt werden.

Laurentzako mahairik baduzue?
lauränzako majriek badussuä
vier-für[Ben] Tisch-etwas falls-es-haben-ihr
Haben Sie einen Tisch für vier?

Frantsesez ala alemanieraz hitz egiten duzu?
frantshäshäss ala alämaniärass iez ägietän dussu
Französisch-das-mit[Ins] *oder Deutsch-das-mit*[Ins] *Wort sprechen*[U] *es-haben-Sie*
Sprechen Sie Französisch oder Deutsch?

Libera bat piper nahi nuke baita ere.
liebära bat piepärr naj nukä bajta ärä
Pfund eins Paprika[A] *Wunsch ich-hätte-können auch auch*
Ich hätte gern noch ein Pfund Paprika.

Txinatarrak zotzez baliatzen dira jateko.
tschienatarrak ssozäss baliazän diera jatäko
China-Herkunft-die[A] *Stäbchen-die-mit*[Ins] *benutzen*[U] *sie-sind essen-umzu*
Die Chinesen essen mit Stäbchen.

Bere zakurrarengana abiatu da lotzeko.
bärä ssakurrarängana abiatu da lozäko
sein Hund-das-zu[All] *gehen er-ist anbinden-umzu*
Er geht seinem Hund anzubinden.

Galdu ez duzula ziur zaude?
galdu äss dussula ssie'urr ssaudä
verlieren nicht es-haben-Sie-dass sicher Sie-sind
Sind Sie sicher, dass Sie es nicht verloren haben?

Im Baskischen steht der Relativsatz zuerst!

Bainugela duen gela nahiko nuke.
banjugäla duän gäla najko nukä
Bad-zimmer[A] *es-hat-welches*[Rel] *Zimmer Wunsch-! ich-hätte-können*
Ich hätte gern ein Zimmer mit Bad.

Etxe hon·etan bizi d·en neska...
ätschä onätan biessie dän näshka
Haus hier-in^{In} *Leben es-hat-welches*^{Rel} *Mädchen*
Das Mädchen, das in diesem Haus lebt...

Bei Hilfswörtern, die auf -a *enden, wird das* -a *gestrichen, wie hier:* den = da + -en *(es-haben + Relativ).*

Gatz·a eta piperrauts·a ekarr d·it·za·ke·zu?
gaza äta pieperrautsha äkarr diezakässu
Salz-das^{A} *und Pfeffer-das*^{A} *bringen sie-Mz-haben-können*
Können Sie Salz und Pfeffer bringen?

Kontu·a ordain·du gabe joan d·a hotel·etik.
kontua ordajndu gabä joan da hotälätiek
Rechnung^{A} *bezahlen ohne gehen er-ist Hotel-das-aus*^{Abl}
Er ist aus dem Hotel abgereist, ohne die Rechnung zu bezahlen.

Zahlen & Mengen

Diese sollten Sie sich merken, dann geht's!

0	**zero**	ssäro	10	**hamar**	amarr
1	**bat**	bat	11	**hamaika**	amajka
2	**bi**	bie	12	**hamabi**	amabie
3	**hiru**	ieru	13	**hamahiru**	amajru
4	**lau**	lau	14	**hamalau**	amalau
5	**bost**	bosht	15	**hamabost**	amabosht
6	**sei**	shäj	16	**hamasei**	amashäj
7	**zazpi**	ssasspie	17	**hamazazpi**	amassasspie
8	**zortzi**	ssorzie	18	**hamazortzi**	amassorzie
9	**bederatzi**	bädärazie	19	**hemeretzi**	ämäräzie

ogäj(ta amarr)	20	**hogei**	30	**hogeita hamar**
bärrogäj(ta amarr)	40	**berrogei**	50	**berrogeita hamar**
ierurogäj(ta amarr)	60	**hirurogei**	70	**hirurogeita hamar**
laurogäj(ta amarr)	80	**laurogei**	90	**laurogeita hamar**

100	**ehun**	ä'un
200	**berrehun**	bärrä'un
1000	**mila**	mielja
2000	**bi mila**	bie mielja

Der Zusammenbau der Zahlen geht ganz einfach mittels -(e)ta (Abkürzung von -eta = und):

ehun eta hogei ta hama lau
ä'un äta ogäjtamalau
hundert und zwanzig-und-zehn-vier
134

Die Zahl bat *eins* ist etwas ganz Besonderes. Sie steht im Gegensatz zu den anderen Zahlen immer hinter dem zu zählenden Wort! Und so merkwürdig es klingt, sie hat eine Mehrzahlform: batzuk = *eins-mehrere.*

etxe bat	**bi etxe**	**hiru etxe**
ätschä bat	bie ätschä	ieru ätschä
Haus eins	*zwei Haus*	*drei Haus*
ein Haus	zwei Häuser	drei Häuser

Liburu bat dago mahaian.
lieburu bat da(g)o ma'ajan
Buch eins[A] *es-ist Tisch-das-auf*[Ine]
Es ist ein Buch auf dem Tisch.

Liburu bat·zuk d·aude mahai·an.
lieburu bazuk daudä ma'ajan
Buch eins-mehrere[A] sie-sind Tisch-das-auf[Ne]
Es sind Bücher auf dem Tisch.

Die Ordinalzahlen sind auch ganz einfach. Man hängt einfach die Endung -garren garrän hintendran. Die Nummer 1 ist wieder unregelmäßig: lehen(engo) lä'än(ängo) *erste.*

Will man „Michael und ich" im Sinne von „wir beide", muss man die Endung -(r)ok verwenden:

Mikel eta bi·ok.	**Mikel, Lena eta hiru·r·ok.**
miekäl äta biejok	miekäl, läna äta ierurok
Michael und zwei-!	*Michael, Lena und drei-!*
Michael und ich.	Michael, Lena und ich.

Man kann die Fallendungen für den Benefaktiv auch an Zahlen anhängen:

Lau·rentzako mahai·rik ba·d·u·zue?
lauränzako majriek badussuä
vier-für[Ben] Tisch-einige !-es-habt-ihr
Haben Sie einen Tisch für vier?

Weitere Beispiele für baskische Mengenangaben sind:

egun·ero	**etxe guzti·ak**	**beste ardo bat**
ägunäro	ätschä gusstiak	bäshtä ardo bat
Tag-jeder	*Haus alle-die[A]*	*andere Wein eins[A]*
jeden Tag	alle Häuser	ein anderer Wein

-ero	-äro	jeder
bakoitz	bakojz	jeder, einzig
-(r)ik	-(r)iek	irgendein
guzti	gusstie	alle
beste	bäshtä	andere
-tza	-za	eine Menge
apur bat	apurr bat	ein bisschen

Beste zerbait?
bäshtä ssärbajt
andere etwas
Sonst noch etwas?

Hori da dena?
orie da däna
jenes[A] *es-ist alles*
Das wäre alles?

Uhrzeit & Co.

Die Angabe der Uhrzeit ist bis auf „eins“ und „zwei“ immer gleich. Man verwendet das Hilfswort izan und hängt an die Zahlen ein -r- zur besseren Aussprache und den absolutiven Mehrzahlartikel -ak hintendran:

Ze ordu da?
ssä orrdu da
was Uhr[A] *es-ist*
Wie viel Uhr ist es?

Hirurak dira.
ierurak diera
drei-die[A] *sie-sind*
Es ist drei Uhr.

Hirurak eta hamar dira.
ierurak äta amarr diera
drei-das[A] *und zehn sie-sind*
Es ist zehn nach drei.

Hirurak eta laurden dira.
ierurak äta laurdän diera
drei-das^{A} und Viertel sie-sind
Es ist Viertel nach drei.

Hiru eta erdiak dira.
ieru eta ärdiak diera
drei halb-das^{A} sie-sind
Es ist halb vier.

Hirurak laurden gutxi.
ierurak laurdän gutschie
drei-das^{A} Viertel wenig
Es ist Viertel vor vier.

Ordu bata da.
ordu bata da
Uhr eins-das^{A} es-ist
Es ist ein Uhr.

Ordu biak dira.
ordu biak diera
Uhr zwei-das^{A} sie-sind
Es ist zwei Uhr.

So unregelmäßig sind „eins“ und „zwei“ doch gar nicht, oder?! Sie nehmen einfach immer ordu bata oder ordu biak anstelle von hirurak.

Zer ordutan iristen da hurrengo busa?
ssär ordutan ierieshtän da urrängo busha
was Stunde-in^{Ine} erreichen^{U} es-ist nächste Bus-das^{A}
Um wie viel Uhr kommt der nächste Bus an?

egun eta aste – *Tag und Woche*

astelehen	ashtäleen	Montag
astearte	ashtearte	Dienstag
asteazken	ashteassken	Mittwoch
ostegun	oshtägun	Donnerstag
ostiral	oshtieral	Freitag
larunbat	larunbat	Samstag
igande	iegandä	Sonntag

iragan/hurrengo astelehen·a
ieragan/urrengo ashtäleena
vergangen/nächste Montag-das[A]
letzten/nächsten Montag

hil(abete) eta urte – *Monat und Jahr*

urtarrila	urrtarrielja	Januar
otsaila	otshailja	Februar
martxoa	martschoa	März
apirila	apierielja	April
maiatza	majaza	Mai
ekaina	äkanja	Juni
uztaila	usstalja	Juli
abuztua	abusstua	August
iraila	ieralja	September
urria	urria	Oktober
azaroa	assaroa	November
abendua	abändua	Dezember
udaberri	udabärrie	Frühling
uda	uda	Sommer
udazken	udasskän	Herbst
negu	nägu	Winter

aurten	aurrtän	dieses Jahr
iaz	jass	letztes Jahr
gaur	gaurr	heute
atzo	azo	gestern
herenegun	äränägun	vorgestern
bihar	biarr	morgen
etzi	äzie	übermorgen
etzidamu	äziedamu	in drei Tagen

Bada festarik gaur arratsean?
bada fäshtariek gaurr arratshean
!-es-ist Fest-irgendein heute Abend-das-an[Ine]
Finden heute Abend Feste statt?

Agian bihar ere hotza izango da.
agian biar ärä oza iessango da
vielleicht morgen auch kalt-das[A] *sein-werden es-ist*
Vielleicht wird es morgen auch kalt.

Möchten Sie über Tageszeiten sprechen, benötigen Sie den Inessiv, den Sie im Zusammenhang mit Ortsangaben kennen gelernt haben. Hier wird gefragt nach dem „wann?“

goizean	gojssean	vormittags
arratsaldean	arratshaldean	nachmittags
arratsean	arratshean	abends
eguerdian	äguärdian	mittags
gauerdian	gauärdian	um Mitternacht

Oporretan zaudete?
oporrätan ssaudätä
Urlaub-in[Ine] *ihr-seid*
Habt ihr Urlaub?

Los geht's!

Die Basken leben in einem recht kleinen Gebiet im Südwesten Frankreichs und im Nordwesten Spaniens. Gegen ihren Willen in zwei Nationen geteilt, konnten sie sich doch ein starkes Gefühl der Zusammengehörigkeit bewahren. Wenn Basken sich treffen, unterhalten sie sich auf Baskisch.

Die Basken sind zwar zurückhaltend, doch wer ihre Freundschaft gewinnt, hat einen Freund fürs Leben gewonnen. Auch wenn Ihr Baskisch nur rudimentär ist, werden sich die Basken darüber freuen und es als Zeichen des Verständnisses für die baskische Kultur werten. Auf politische Diskussionen sollte man jedoch verzichten.

Wie also vorgehen? Fertige Sätze, nach Themen geordnet, gibt es Dutzende auf den folgenden Seiten. Doch spitzen Sie Ihre Ohren: wenn der Herr am Nebentisch im Café bestellt, wenn zwei alte Damen sich am Strand begrüßen, wenn sich der Kommentator beim Pilota auf Baskisch begeistert, bei der Pastorala-Aufführung in einem Bergdorf, bei einer baskischsprachigen Führung durch das Guggenheim-Museum, ... Und lesen Sie die zweisprachigen Schilder in den Straßen, Restaurants, Hotels, Museen... Gelegenheiten gibt es viele, Baskisch zu lesen und zu hören. Und haben Sie den Sprachführer immer in der Tasche!

Floskeln & Redewendungen

Die Basken duzen sich und sprechen sich meist mit Vornamen an. Wenn Sie jedoch jemanden mit dem Nachnamen anreden:

jaun·a	jauna	Herr *(Herr-das[A])*
jaun·ak	jaunak	Herren *(Herr-die[A])*
andre·a	andrea	Frau *(Frau-das[A])*
andre·ak	andreak	Damen*(Frau-die[A])*

Häufig benutzen die Basken bei Namen Verkleinerungsformen: Aus Erramun *(Ramon) wird* Erramuntxo *oder* Muntxo, Frantzisko *(Franz) wird zu* Patxi, Miren *(Marie) wird* Mirentxu, *usw.*

Etxeberri jaun·andre<u>ak</u>
ätschäbärrie jaun andreak
Etxeberri Herr-Frau-die[A]
Herr und Frau Etxeberri

epa! aupa!	äpa / aupa	Hi!
egun on!	ägun on	Guten Tag!
arratsalde on!	arratshaldä on	Guten Abend!
gau on	gau on	Gute Nacht!
kaixo!	kajscho	Hallo!
zer modu·z?	ssär moduss	Wie geht's?
ondo, eta zu?	ondo äta ssu	Gut, und dir?
ikusi arte!	iekushie artä	Auf Wiedersehen!
laster arte!	lashtär artä	Bis bald!
agur!	agurr	Tschüss!
gero arte!	gero artä	Bis später!
orain arte!	orajn artä	Bis gleich!
bihar arte!	biarr artä	Bis morgen!
ongi joan!	ongie joan	Gute Reise!
ongi etorri!	ongie ätorrie	Willkommen!
zorion·ak!	ssorionak	Glückwunsch!

Egun on!
ägun on
Tag-gut
Guten Tag!

Zer modu·z?
ssär moduss
was Art-mit-einer^{Ins}
Wie geht es Ihnen?

Kaixo Gotzon, dena ontsa?
kajscho gozon däna ontsha
hallo Gotzon alles gut
Hallo Gotzon, geht's gut?

Ondo esan behar·ko!
ondo äshan bearko
gut sagen verpflichten-werden
Danke, es geht gut.

Hau Patxi d·a, nire adiskide·a.
au patschie da niere adieshkiedea
dies Patxi er-ist mein Freund-das^{A}
Ich stelle Ihnen meinen Freund Patxi vor.

Poz·ten n·aiz.
posstän najss
freuen^{U} *ich-bin*
Sehr erfreut.

Ikusi arte eta mila esker.
iekushie artä äta mielja äshkärr
Ansicht bis und tausend Dank
Auf Wiedersehen und danke.

Hurren·a arte, gau on.
hurräna artä gabon
nächste-das^{A} *bis Nacht gut*
Bis zum nächsten Mal, guten Abend.

Es gibt auch die verkürzte Form gabon gabon *für „Gute Nacht!"*

Die Basken benutzen Höflichkeitsformeln weniger als wir im Deutschen, also gehen Sie sparsam damit um, sonst hält man Sie für kühl und distanziert. Höflichkeit wird vielmehr durch die Haltung gezeigt, durch ein Kopfnicken oder Lächeln.

bitten, danken & entschuldigen

barkatu!	barkatu	Entschuldigung!
mesedez	mäshädäss	bitte
arren	arrän	bitte, Bitte
ba·du·zu	badussu	bitte (an 1 Person)
ba·du·zue	badussuä	bitte (an mehrere)
ez horregatik	äss orrägatik	keine Ursache
mila esker!	mielja äshkärr	Tausend Dank!

ba·du·zu = *!-es-haben-Sie*
ba·du·zue = *!-es-habt-ihr*

eskerrik asko!
äshkärriek ashko
Vielen Dank!

Lau·rentzako mahai·rik ba·d·u·zue, mesedez?
lauränzako majriek badussuä mäshädäss
vier-für^{Des} Tisch-einige !-es-haben-ihr bitte
Haben Sie einen Tisch für vier, bitte?

Beste botila bat ekarr de·za·ke·zu, mesedez?
bäshtä botielja bat äkarr dässakässu mäshädäss
andere Flasche eins bringen es-haben-können-ihr bitte
Können Sie bitte mir eine andere Flasche bringen?

Würde man die Wort-für-Wort-Übersetzung für mesedez *(bitte) machen, hieße es „Gunst-mit^{Ins}“.*

Menu·a ekarr de·za·ke·zu, mesedez?
menua äkarr dässakässu mäshädäss
Menü-das^{A} bringen es-haben-können bitte
Könnten Sie bitte die Speisekarte bringen?

Gatz·a eta piperrauts·a ekarr d·i·tza·ke·zu, mesedez?
gaza äta pieperrautsha äkarr diezakässu mäshädäss
Salz-das[A] *und Pfeffer-das*[A] *bringen sie-haben-können bitte*
Könnten Sie bitte Salz und Pfeffer bringen?

Baso bat ardo nahi d·u·t, mesedez.
basho bat ardo naj dut mäshädäss
Glas eins Wein Wunsch es-habe-ich bitte
Ich hätte gern ein Glas Wein, bitte.

Kontu·a, mesedez.
kontua mäshädäss
Rechnung-das[A] *bitte*
Die Rechnung bitte.

Im spanischen Baskenland überwiegt der familiäre Umgangston, egal ob man in einer sagardotegi shagardotägie *Apfelweinbar* oder im jatetxe jatätschä *Restaurant* ist. Aber im französischen Teil ist man oft förmlicher, vor allem im Restaurant in der Stadt.

ja, nein & Co.

Bai.	baj	Ja.
Ez.	äss	Nein.
Oraindik ez.	orajndiek äss	Noch nicht.
Noski.	noshkie	Sicher.
Horixe (ba).	orieschä (ba)	Richtig!

Ez da egia.	**Inola ere ez.**
äss da ägia	ienjola ärä äss
nicht es-ist Wahrheit[A]	*irgendwie auch nicht*
Das stimmt nicht.	Auf keinen Fall!

Das erste Gespräch

Wenn Sie jetzt ein richtiges Gespräch anfangen möchten, sollten Sie nur daran denken, dass die Basken sehr stolz auf ihre Eigenart und fest mit ihrem Land verbunden sind. Trotzdem können sie sehr offen und neugierig auf Fremde sein, auch wenn man ihnen zu Unrecht nachsagt, sie seien maulfaul und verschlossen. Man sollte nicht zögern, all ihre Fragen bezüglich der eigenen Person zu beantworten und vor allem auch ihnen einen Haufen Fragen zu stellen – über ihre Sprache, ihre Gewohnheiten, ihre Kultur. Die Basken werden mit Vergnügen antworten.

Suitza shuieza
Schweiz

Austria aushtria
Österreich

Alemania alämania
Deutschland

Euskal Herria
e'ushkal ärria
Baskenland

Euskadi e'ushkadie
Baskenland

Espainia äshpanja
Spanien

Frantzia franzia
Frankreich

Nondik zatoz?	**Nongoa zara?**
nondiek ssatoss	nongoa ssara
woher sie-kommen	*wessen-das*[A] *sie-sind*
Woher kommen Sie?	Woher sind Sie?

Alemaniatik nator.
alämaniatiek natorr
Deutschland-das-aus[Abl] *ich-komme*
Ich komme aus Deutschland.

Suitzarra naiz.
shuiezarra najss
Schweizer-Herkunft ich-bin
Ich bin Schweizer.

Frantsesez ala alemanieraz hitz egiten duzu?
frantshäshäss ala alämaniärass iez ägietän dussu
Französisch-mit[Ins] oder Deutsch-mit[Ins] Wort sprechen[U] es-haben-Sie
Sprechen Sie Französisch oder Deutsch?

Alemanieraz hitz egiten dut.
alämaniärass iez ägietän dut
Deutsch-mit[Ins] Wort sprechen[U] es-habe-ich
Ich spreche Deutsch.

Euskaraz	e'ushkarass	*auf Baskisch*
ingelesez	iengäläshäss	*auf Englisch*
frantsesez	frantshäshäss	*auf Französisch*
gazteleraz	gasstälärass	*auf Spanisch*
alemanieraz	alämaniärass	*auf Deutsch*

Bernan bizi naiz.
bärnan biessie najss
Bern-das-in[Ine] Leben ich-bin
Ich wohne in Bern.

Hori non dago?
orie non da(g)o
dies wo es-ist
Wo ist das?

Suitzan.
shuizan
Schweiz-das-in[Ine]
In der Schweiz.

Eta zu non bizi zara?
äta ssu non biessie ssara
und Sie wo leben sie-sind
Und wo leben Sie?

Zenbat zarete etxean?
ssänbat ssarätä ätschean
wie viel ihr-seid Haus-das-in[Ine]
Zu wie viel seid ihr zu Hause?

Familie – familia famielja

emazte	ämasstä	Ehefrau
senar	shänarr	Ehemann
haur	aurr	Kind
ume	umä	Kleinkind
seme	shämä	Sohn
alaba	alaba	Tochter
ama	ama	Mutter
aita	ajta	Vater
gurasoak	gurashoak	Eltern (Mz.)
ahizpa	aiesspa	Schwester (einer Schwester)
arreba	arräba	Schwester (eines Bruders)
anaia	anaja	Bruder
amona	amona	Großmutter
aitona	ajtona	Großvater
izeba	iessäba	Tante
osaba	oshaba	Onkel
iloba	ieljoba	Enkel(in)
lehengusu	lä'ängushu	Cousin
lehengusina	lä'ängushienja	Cousine

Seme-alabak dituzue?
shämä alabak ditussuä
Sohn-Tochter-die[A] *es-Mz-habt-ihr*
Haben Sie Kinder?

Wienan bizi den seme bat dugu.
bienan biessie dän shämä bat dugu
Wien-das-in[Ine] *Leben er-ist-welcher*[Rel] *Sohn eins es-haben-wir*
Wir haben einen Sohn, der in Wien lebt.

Zenbat urte dituzu?
ssänbat urrtä dietussu
wie viel Jahr es-Mz-haben-Sie
Wie alt sind Sie?

42 urte ditut.
bärrogäjta bie urrtä dietut
42 Jahre es-Mz-habe-ich
Ich bin 42 Jahre alt.

Ezkonduta zaude?
ässkonduta ssaudä
verheiratet Sie-sind
Sind Sie verheiratet?

Ezkonduta nago.
ässkonduta nago
verheiratet ich-bin
Ich bin verheiratet.

Bakarrik bizi naiz.
bakarriek biessie najss
allein Leben ich-bin
Ich lebe allein.

Zure emaztea da andre hau?
ssurä ämasstea da andrä au
Ihre Gattin-das[A] *sie-ist Frau dies*[A]
Ist Madame ihre Frau?

Bai, nire emaztea da: Miren.
baj nirä ämasstea da mieràn
ja mein Gattin-das[A] *sie-ist: Maria*
Ja, das ist meine Frau Maria.

Nola duzu izena?
nola dussu iessäna
wie es-haben-Sie Name-das[A]
Wie heißen Sie?

Nola du izena?
nola du iessäna
wie er-hat Name-das[A]
Wie heißt er?

Karin d·u·t izen·a.
karien dut iessäna
Karin es-habe-ich Name-das[A]
Ich heiße Karin.

Nire lagun·ak Karl d·u izen·a.
nierä lagunak karl du iessäna
mein Freund-das[E] *Karl er-hat Name-das*[A]
Mein Freund heißt Karl.

Beruf – lanbide lanbiedä

Zertan lan egi·ten d·u·zu?
ssärtan lan ägietän dussu
worin Arbeit machen[U] *es-haben-sie*
Was machen Sie beruflich?

Zer egi·ten d·u·zu?
ssär ägietän dussu
was machen[U] *es-haben-sie*
Was machen Sie?

Weitere Berufe finden Sie in der Wortliste am Ende des Buches.

andereño	andäränjo	Lehrerin
arrantzale	arranzalä	Fischer
dendari	dändarie	Ladenbesitzer
etxekoandre	ätschäkoandrä	Hausfrau
idazkari	iedasskarie	Sekretärin
idazle	iedasslä	Autor
ikasle	iekashlä	Student
irakasle	ierakashlä	Lehrer
langile	langieljä	Arbeiter
mediku	mädieku	Arzt
zuzendari	ssussändarie	Manager

Irakasle·a n·aiz.
ierakashlea najss
Lehrer-das^{A} ich-bin
Ich bin Lehrer.

Ikas·ten ari n·aiz.
iekashtän arie najss
lernen^{U} machen ich-bin
Ich studiere.

Ez d·auka·t lan·ik.
äss daukat laniek
nicht es-habe-ich Arbeit-irgendein
Ich bin arbeitslos.

Urlaub – opor oporr

Oporr·etan z·audete?
oporrätan ssaudätä
Urlaub-in^{Ine} ihr-seid
Habt ihr Urlaub?

Hiru aste opor d·it·u·gu Euskal Herri·an.
ieru ashtä oporr dietugu e'ushkal ärrian
drei Woche Urlaub es-Mz-haben-wir baskisch Land-das-in^{Ine}
Wir machen drei Wochen Urlaub im Baskenland.

Gure herri·a atsegin d·u·zue?
gurä ärria atshägien dussuä
unser Land-das^{A} angenehm es-haben-ihr
Gefällt euch unser Land?

Bai, oso.
baj osho
ja ganz
Ja, sehr!

Itsaso·a eta mendi·ak izugarri maite d·it·u·gu.
ietshashoa äta mändiak iessugarrie majtä dietugu
Meer-das^{A} und Berg-die^{A} schrecklich lieb es-Mz-haben-wir
Wir bewundern das Meer und die Berge sehr.

Das erste Gespräch

Zer bisita·tzeko asmo·a d·u·zue?
ssär bieshietazäko ashmoa dussuä
was besuchen-umzu Gedanke-das^{A} *es-habt-ihr*
Was wollt ihr besichtigen?

Zer bisitatu·ko d·u·zue?
ssär bieshietatuko dussuä
was besuchen-werden es-habt-ihr
Was werden Sie besichtigen?

Bilbo·ra g·oaz, Guggenheim museo·a bisita·tze·ra.
bielbora goass gugenchejm musheoa bieshietazära
Bilbao-nach^{All} *wir-gehen Guggenheim Museum-das*^{A} *besuchen-umzu-nach*^{All}
Wir fahren nach Bilbao, um das Guggenheim-Museum zu besichtigen.

Nora zoazte?
nora ssoasstä
wohin ihr-geht
Wohin fahren Sie?

Hotelera joango zarete?
hotälära joango ssarätä
Hotel-nach[All] gehen-werden sie-sind
Gehen Sie ins Hotel?

Ez, lagunen etxera.
äss lagunän ätschära
nein Freund-die-von[Gen] Haus-nach[All]
Nein, zu Freunden.

Wetter – eguraldi äguraldie

urtaro	urrtaro	Jahreszeit
negu	nägu	Winter
udaberri	udabärrie	Frühling
uda	uda	Sommer
udazken	udasskän	Herbst
hotz, fresko	oz, fräshko	kalt, kühl
bero, heze	bäro, ässä	heiß, feucht
haize, euri	ajssä, e'urie	Wind, Regen
elur, laino	älurr, lajno	Schnee, Nebel
ekaitz, eguzki	äkajz, ägusskie	Unwetter, Sonne
hodei, zeru	odäj, ssäru	Wolke, Himmel

Eguraldi ona/txarra dago.
äguraldie ona/tscharra da(g)o
Wetter gut-das[A]/schlecht-das[A] es-ist
Es ist gutes/schlechtes Wetter.

Bero·a d·ago gaur.
bäroa da(g)o gaurr
heiß-das^{A} es-ist heute
Es ist heiß heute.

Bai bero handi·a.
baj bäro andia
ja heiß groß-das^{A}
Ja, es ist sehr heiß.

Oso eguraldi heze·a d·ago bat·ik bat.
osho äguraldie ässea da(g)o batiek bat
ganz Wetter feucht-das^{A} es-ist eins-irgendein eins
Es ist vor allem feucht.

Hodei handi·ak d·aude.
odäj andiak daudä
Wolke groß-die^{A} sie-sind
Es ist dicht bewölkt.

Ekaitza d·akar.
äkajza dakarr
Unwetter^{A} es-bringt
Es wird ein Gewitter geben.

Euri·a bota·ko d·u beharbada.
e'uria botako du bearbada
Regen-das^{A} werfen-werden es-hat vielleicht
Vielleicht wird es regnen.

Euri·a ari d·a.
e'uria arie da
Regen-das^{A} machen es-ist
Es regnet.

Arrats·a fresko·ago·a izan·go d·a.
arratsha fräshkoagoa iessango da
Abend-das^{A} kühl-mehr-das^{A} sein-werden es-ist
Der Abend wird kühler werden.

Agian bihar ere hotz-a izan-go d-a.
agian biar ärä oza iessango da
vielleicht morgen auch kalt-das[A] sein-werden es-ist
Vielleicht wird es morgen auch kalt.

Zu Gast sein

Während im 19. Jh. Industrialisierung und Verstädterung das spanische Baskenland veränderten, blieb das französische Baskenland in den Bergregionen sehr ländlich. Einst herrschte eine große Solidarität, denn die Gesellschaftsstruktur basierte auf dem etxe ätschä *Haus* als Einheit, in der jeder zum Gemeinwohl beitragen musste. Das baskische Haus war das Herz der Gesellschaft. Es gehörte nicht einem Einzelnen, sondern allen Bewohnern, die sich so sehr damit identifizierten, dass sie oft denselben Namen trugen. Auch wenn ein Familienmitglied das Haus erbte etxerekoa ätschäräkoa, durften die anderen bleiben, wenn sie für den Unterhalt arbeiteten. Zum Verkauf des Hauses bedurfte es der Zustimmung aller.

So bildeten das Haus und die Sprache die Fundamente der baskischen Gesellschaft. In Frankreich blieb das so bis zur Revolution, die solche Privilegien unerbittlich ausmerzte. Doch die Basken hielten so weit möglich bis heute an ihrer Gesellschaftsstruktur um das Haus fest.

Nahi zen·u·ke bihar afal·tze·ra etorri?
naj ssänukä biar afalzära ätorrie
Wunsch Sie-haben-können morgen (Abend)essen-!-nach^{All} *kommen*
Würden Sie morgen Abend zum Essen kommen?

Ongi etorri!
ongie ätorrie
gut kommen
Willkommen!

Sartze·rik ba·dago?
sharzäriek bada(g)o
Eintritt-irgendein !-es-ist
Kann ich reinkommen?

Sartu, sartu!
shartu shartu
eintreten eintreten
Komm rein!

Aurre·ra!
aurrera
vor-^{All}
Komm her!

Wenn es an die Tafel geht:

On egin!
on ägien
gut machen
Guten Appetit!

Baita zuri ere!
bajta ssurie ärä
auch Ihnen auch
Ihnen auch!

„Prost" sagt man nicht alle Tage, sondern nur wenn es einen Trinkspruch auf jemanden auszubringen gilt:
Karl·engatik!
= *Auf Karl!*
(*Karl-wegen*^{Mot})

Ardo·a ala garagardo·a?
ardoa ala garagardoa
Wein-das^{A} *oder Gerstenbier-das*^{A}
Wein oder Bier?

Kafe·a?
kafäa
Kaffee-das^{A}
Kaffee?

Kafea nahi du·zu?
kafea naj dussu
Kaffee-das^{A} *Wunsch es-haben-Sie*
Möchten Sie einen Kaffee?

Tori!
torie
da
Hier, bitte.

Essen & Trinken

In Euskal Herria wird exzellenter Wein produziert. Eine Besonderheit ist der Iroulégi-Wein Irulegi ierulegie und txakolina tschakolienja, der Landwein aus den Weinbaugebieten um Getaria und Bermeo – schöne Fischerdörfer an der südlichen Küste des Baskenlands.

Getränk – edari ädarie

garagardo	garagardo	(Gersten)Bier
ardo beltz	ardo bälz	Rotwein
ardo gorri	ardo gorrie	Rosé
ardo zuri	ardo ssurie	Weißwein
sagardo	shagarrdo	Apfelwein
kafe	kafä	Kaffee
kafesne	kafäshnä	Milchkaffee
esne, azukre	äshnä, assukrä	Milch, Zucker
deskafeinatu	däshkafäjnatu	entkoffeiniert
te	tä	Tee
limoiarekin	liemojaräkien	mit Zitrone
esnearekin	äshnearäkien	mit Milch
txokolate	tschokolatä	Kakao
bero/hotz	bäro/oz	heiß/kalt
ur	urr	Wasser
(fruta) zuku	(fruta) ssuku	(Obst-)Saft

Für „Bier“ hören Sie im spanischen Baskenland auch das spanische cerveza ssärbässa.

gasarekin
gasharäkin
mit Kohlensäure

gasik gabe
gashiek gabä
ohne Kohlensäure

Garagardo bat nahi dut.
garagardo bat naj dut
Gerstenwein eins Wunsch es-habe-ich
Ich möchte ein Bier.

Aperitiborik nahi duzue?
apärietieboriek naj dussuä
Aperitif-irgendein Wunsch es-habt-ihr
Möchten Sie einen Aperitif?

Baso bat ardo nahi dut, mesedez.
basho bat ardo naj dut mäshädäss
Glas eins Wein Wunsch es-habe-ich bitte
Ich hätte gern ein Glas Wein, bitte.

Likorerik nahi duzue?
liekoräriek naj dussuä
Likör-irgendein Wunsch es-habt-ihr
Möchten Sie einen Digestif?

Beste botila bat ekarr dezakezu?
bäshtä botielja bat äkarr dässakässu
andere Flasche eins bringen es-haben-können-Sie
Können Sie eine andere Flasche bringen?

Für „Nachspeise" hören Sie im spanischen Baskenland auch postre poshträ.

taberna	tabärna	Bar
jatetxe	jatätschä	Restaurant
sagardotegi	shagardotägie	Apfelweinbar
kafetegi	kafätägie	Café
izozkidenda	iessosskiedända	Eisdiele
menu, karta	mänu, karta	Menü, Karte
gosari	gosharie	Frühstück
bazkari	basskarie	Mittagessen
afari	afarie	Abendessen
bazkalaurreko	basskalaurräko	Vorspeise
azkenburuko	asskänburuko	Nachspeise
janari, plater	janarie platärr	Gericht, Teller
zopa	ssopa	Suppe

Bir·entzako/lau·rentzako mahai·a gorde d·u·t.
bieränzako lauränzako maaja gordä dut
zwei-für^{Ben}*/vier-für*^{Ben} *Tisch-das*^{A} *bewahren es-habe-ich*
Ich habe einen Tisch für zwei/vier Personen reserviert.

Lau·rentzako mahai·rik ba·d·u·zue, mesedez?
lauränzako maijriek badussuä mäshädäss
vier-für^{Ben} *Tisch-irgendein !-es-haben-ihr bitte*
Haben Sie einen Tisch für vier, bitte?

Menu·a ekarr de·za·ke·zu?
mänua äkarr dässakässu
Menü-das^{A} *bringen es-haben-können*
Könnten Sie die Speisekarte bringen?

Gatz·a eta piperrauts·a ekarr d·it·za·ke·zu, mesedez?
gaza äta pieperrautsha äkarr diezakässu mäshädäss
Salz-das^{A} *und Pfeffer-das*^{A} *bringen sie-Mz-haben-können bitte*
Könnten Sie bitte Salz und Pfeffer bringen?

Azkenburuko·rik hartu·ko d·u.zue?
asskänburukoriek artuko dussuä
Nachspeise-irgendein empfangen-werden es-habt-ihr
Nehmen Sie eine Nachspeise?

Kontu·a, mesedez.
kontua mäshädäss
Rechnung-das^{A} *bitte*
Die Rechnung bitte.

ontzi, baso onzie, basho
Glas

sardeska shardäshka
Gabel

labana labana
Messer

goilare goljarä
Löffel

Es gibt viele gastronomische Bruderschaften gastronomi elkarteak: *Männer treffen sich im Club zum Kochen und kosten von ihren neuen Gerichten.*

Die baskische Küche ist bekannt für ihre Fisch- und Meeresfrüchtegerichte. Im Landesinneren wird jedoch mehr Fleisch serviert. Fisch wird gegrillt oder in leichten Soßen zubereitet oder mit Miesmuscheln txirla tschierla serviert. Im Restaurant bestellt man als Vorspeise einen Salat oder mit Fisch oder Fleisch gefüllte Paprika piper bete piepärr bätä, Rührei mit Fisch nahaski na'ashkie. Als Hauptgericht sollte man unbedingt Tintenfisch in eigener Tinte txipiroi tintan tschiepieroj tientan probieren...
Guten Appetit! - On egin on ägien!

Die echten baskischen Spezialitäten gibt es meist zu entdecken, wenn auf der Karte steht: etxekoa ätschäkoa *nach Art des Hauses!*

Fisch – arrain arrajn

amuarrain	amuarrajn	Forelle
antxoa	antschoa	Sardelle
bakailao	bakaljao	Stockfisch
bisigu	bieshiegu	Dorade
itsasapo	ietshashapo	Seeteufel
itsaski	ietshashkie	Meeresfrüchte
izkira	iesskiera	Garnele
izokin	issokien	Lachs
legatz	lägaz	Dorsch
mihiarrain	mie'iearrajn	Seezunge
misera	mieshära	Hummer
muskuilu	mushkulju	Miesmuschel
ostra	oshtra	Auster
otarrain	otarrajn	Languste
sardina	shardienja	Sardine
txangurro	tschangurro	Seekrabbe
txipiroi	tschiepieroj	Tintenfisch
txirla	tschierla	Miesmuschel

Fleisch – **haragi** aragie

behiki	bäiekie	Rindfleisch
txerriki	tschärriekie	Schweinefleisch
arkumeki	arkumäkie	Lammfleisch
txahalki	tscha'alkie	Kalbsfleisch
oilaki	oljakie	Hähnchenfleisch
saiheski	shajäshkie	Kotelett
xerra	shärra	Steak

saltsa shaltsha *Soße*
egos(i) ägoshie *kochen*
friji(tu) friejietu *braten*
erre ärrä *grillen*

Oilasko·a piper·rekin nahi n·u·ke.
oljashkoa pieperräkien naj nukä
Hähnchen-das[A] *Paprika-mit*[Ass] *Wunsch ich-hätte-können*
Ich möchte das Hähnchen mit Paprika.

Ba·dago ogi·rik?
badago ogieriek
!-es-ist Brot-irgendein
Gibt es Brot?

Ba·dago pintxo·rik?
badago pientschoriek
!-es-ist Häppchen-irgendein
Gibt es Tapas?

Brot – **ogi** ogie

lukainka	lukajnka	Aufschnitt
odolki	odolkie	Blutwurst
urdaiazpiko	urdajasspieko	Schinken
txorizo	tschoriesso	eine Art Salami
saltxitxoi	shaltschietschoj	Würstchen
solomo	sholomo	span. Aufschnitt
piperrada	piepärrada	Paprikaaufstrich
gazta/gasna	gassta/gashna	Käse
arraultz	arraulz	Ei
ogitarteko	ogietartäko	Sandwich

Ba·dauka·zu Baiona·ko urdaiazpiko·a?
badaukassu bajonako urrdajasspiekoa
!-haben-Sie Bayonne-das-von^{Lok} *Schinken-das*^{A}
Haben Sie Bayonner Schinken?

Gemüse – **barazki** barasskie

Sollten Sie Vegetarier sein, brauchen Sie noch das Wort barazki·jale barasskie jale, *wörtl.: Gemüse-Esser.*

arroz, arto	arross, arto	Reis, Mais
aza(lore)	assa(lorä)	(Blumen-)Kohl
azenario	assänarjo	Karotte, Rübe
baratxuri	baratschurie	Knoblauch
brokoli	brokolie	Brokkoli
entsalada	äntshalada	Salat
ilar	ieljar	Erbse
kalabazin	kalabassien	Gurke
oliba	olieba	Olive
orburu	orburu	Artischocke
patata	patata	Kartoffel
piper, porru	piepär porru	Paprika, Lauch
tipula, tomate	tiepula, tomatä	Zwiebel, Tomate
uhaza	uassa	Kopfsalat
zainzuri	ssajnssurie	Spargel

Obst – fruta fruta

banana	banana	Banane
gerezi, sagar	gärässie, shagarr	Kirsche, Apfel
laranja, limoi	laranja, limoj	Orange, Zitrone
madari	madarie	Birne
magurdi	magurdie	Himbeere
mahats	maatsh	Traube
marrubi	marrubie	Erdbeere
marrubitxo	maarubietscho	Walderdbeere
mertxika	märtschieka	Aprikose

Wem Obst nicht süß genug ist, kann auch izozki iessosskie *Eis oder* goxoki goschokie *Süßes bestellen.*

Einkaufen

Im Baskenland, ob in Frankreich oder in Spanien, findet man alles, um sich bescheidene oder verrückte Wünsche zu erfüllen: schicke Boutiquen in Biarritz, Kaufhäuser in Bilbao, Buden der Kunsthandwerker mit typischen Produkten.

Non da supermerkatu hurbilena?
non da shupärmärkatu urrbieljäna
wo es-ist Supermarkt nah-meist-das[A]
Wo ist der nächste Supermarkt?

Non dago botika?
non da(g)o botieka
wo es-ist Apoteke-das[A]
Wo ist die Apotheke?

Geschäft – denda dända

arrandägie	**arran·degi**	Fischgeschäft
bietschiedända	**bitxi·denda**	Juwelier
botieka, farmassia	**botika, farmazia**	Apotheke
gosso dända	**gozo·denda**	Konditorei
aratägie	**hara·tegi**	Metzgerei
iepärrmärkatu	**hipermerkatu**	Supermarkt
janariedända	**janari·denda**	Lebensmittelladen
janziedända	**jantzi·denda**	Textilgeschäft
kieoshko	**kiosko**	Kiosk
lieburudända	**liburu·denda**	Buchhandlung
märkatu	**merkatu**	Markt
okiendägie	**okin·degi**	Bäckerei
optieka dända	**optika denda**	Optiker
papärr dända	**paper·denda**	Schreibwarenladen
shupärmärkatu	**supermerkatu**	Supermarkt
tiendatägie	**tinda·tegi**	Reinigung
ssapatägie	**zapa·tegi**	Schuhgeschäft

Ba·da euskal liburu·ak aurki d·it·za·ke·da·n liburu·denda·rik?
bada e'ushkal lieburuak aurrkie diezakädan lieburu-dändariek
!-es-ist Baskisch Buch-die[A] finden sie-Mz-haben-können-ich-V Buch-Laden-irgendein
Gibt es eine Buchhandlung, wo ich baskische Bücher kaufen kann?

Liburu hori erosi nahi d·u·t.
lieburu orie äroshie naj dut
Buch jenes[A] kaufen Wunsch es-habe-ich
Ich möchte das Buch kaufen.

Kleidung – **jantzi** janzie

alkandora	alkandora	Hemd
beroki	bärokie	Mantel
blusa	blusha	Bluse
eskularru	äshkularru	Handschuh
galtzerdi	galzerdie	Socke, Strumpf
gona	gona	Rock
jaka	jaka	Jacke
jantzi	janzie	Anzug/Kostüm
jertse	chärtshea	Pullover
kamiseta	kamieshäta	T-Shirt
oinetako	ojnätako	Schuh
praka	praka	Hose
sandalia	shandalia	Sandale
soineko	shojnäko	Kleid
txapel	tschapäl	Baskenmütze
zapata	ssapata	Schuhe
bikini	biekienie	Bikini
bainujantzi	banjujanzie	Badeanzug
gerriko	gärrieko	Gürtel

Ein paar Accessoires:

euritako e'urietako
Regenschirm

diruzorro dierussorro
Brieftasche

eskuko poltsa
äshkuko poltsha
Handtasche

makila makielja
baskischer Stock

eguzkitako
betaurreko
ägusskietako
bätaurräko
Sonnenbrille

motxila
motschiela
Rucksack

Oinetako pare bat erosi nahi d·u·t.
oinjätako parä bat äroshie naj dut
Schuh Paar eins kaufen Wunsch es-habe-ich
Ich möchte ein Paar Schuhe kaufen.

Zenbat·eko oina janz·ten d·u·zu?
ssänbateko oinja jansstän dussu
wieviel-das-von[Lok] *Fuß kleiden*[U] *es-haben-Sie*
Welche Schuhgröße haben Sie?

Zer uste d·u·zu?
ssärr ushtä dussu
was Meinung es-haben-Sie
Was meinen Sie?

Zer d·io·zu?
ssärr diossu
was es-sagen-Sie
Was sagen Sie?

Alkandor·a oso polit·a d·a.
alkandora osho polieta da
Hemd-das[A] sehr schön-das[A] es-ist
Das Hemd ist sehr schön.

Zur Intensivierung stellen Sie vor Eigenschaftswörter: oso osho *sehr,* pixka bat pieschka bat *ein bisschen,* apur bat apur bat *ein bisschen,* hain ajn *so.*

Oinetako·ak txiki·egi·ak dira.
ojnätakoak tschiekie'ägiak dira
Schuh-die[A] klein-zu-die[A]
Die Schuhe sind zu klein.

Ba·d·aude handi·ago·ak?
badaudä andiagoak
!-es-ist groß-mehr-die[A]
Gibt es größere?

Farbe – kolore kolore

ilun iljun *nachgestellt bededeutet: dunkel-*

argi argie *nachgestellt bededeutet: hell-*

zuri, beltz	ssurie, bälz	weiß, schwarz
gris, ubela	griesh, ubäla	grau, malve
hori, laranja	orie, laranja	gelb, orange
gorri, arrosa	gorrie, arrosha	rot, rosa
berde, marroi	bärde, marroj	grün, braun
urdin, morea	urrdien, morea	blau, violett

Zer d·a hau?
ssärr da au
was es-ist dies[A]
Was ist das?

Erosi egin·go d·u·t.
äroshie ägiengo dut
kaufen machen-werden es-habe-ich
Das nehme ich.

kotoi	kotoj	Baumwolle
artile	artieljä	Wolle
larru	larru	Leder
zur	ssur	Holz
plastiko	plashtieko	Plastik
urre	urrä	Gold
zilar	ssieljarr	Silber
burdin	burrdien	Eisen

Egun on, orburu·rik ba·du·zu?
ägun on orrbururiek badussu
Tag-gut Artischocke-irgendein !-es-haben-Sie
Guten Tag, haben Sie Artischocken?

Bai, zenbat nahi d·it·u·zu?
baj ssänbat naj dietussu
ja wieviel Wunsch es-Mz-haben-Sie
Ja, wie viele möchten Sie?

Hiru nahi n·it·uz·ke, gaur arrats·era·ko.
ieru naj nietusskä gaurr arratshärako
drei Wunsch ich-Mz-hätte-können heute Abend-für
Ich hätte gern drei, für heute Abend.

Beste zerbait?
bäshtä ssärbajt
andere etwas
Sonst noch etwas?

Hori d·a dena?
orie da däna
jenes es-ist alles
Das wäre alles?

Libera bat piper nahi n·u·ke baita ere.
liebära bat piepärr naj nukä bajta ärä
Pfund 1 Paprika Wunsch ich-hätte-können auch auch
Ich hätte gern noch ein Pfund Paprika.

Weitere hilfreiche Wörtchen zur Mengenangabe:
guzti gusstie
alle
bakoitz bakojz
jeder
gutxiago gutschjago
weniger
gehiago gäjago
mehr
kilo(gramo) kielo(gramo)
Kilo(gramm)
bat bat
eins

Lau xerra fin urdaiazpiko eta dozen·a bat arraultz ere.
llau schärra fien urrdajasspieko äta dossena bat araulz ärä
vier Scheibe fein Schinken und Dutzend-das[A] eins Ei auch
Außerdem vier dünne Scheiben Schinken und ein Dutzend Eier.

Ederki. Zerbait gehiago?
ädärrkie ssärbajt gäjago
sehr-gut etwas mehr
Gut, sonst noch etwas?

Ob das Geschäft überhaupt geöffnet hat, erkennen Sie an diesen Schilder:
irekita ieräkieta *geöffnet*
itxita ietschieta *geschlossen.*

Und noch ein hilfreiches Schild:
beherapen·ak bä'ärapänak *Ausverkauf.*

Ez, hori d·a dena.
äss orie da däna
nein jenes es-ist alles
Nein, das wäre alles.

Zenbat d·a?
ssänbat da
wieviel es-ist
Wie viel macht das?

Hamabost Euro.
amabosht e'uro
15 Euro
Das macht 15 Euro.

Ondo
ondo
gut
O.k.

Ehune·ko bilete bat beste·rik ez d·u·t.
ähunäko bieljätä bat bäshtäriek äss dut
100-das-von[Lok] Schein eins andere-irgendein nicht es-habe-ich
Ich habe nur einen Hunderter.

Berdin d·u, ba·d·it·u·t txanponak!
bärdien du badietut tschanponak
gleich es-hat !-es-Mz-habe-ich Münze-die[A]
Das macht nichts, ich habe Wechselgeld!

Onartzen al duzue kreditu txartelik?
onarzän al dussuä krädietu tschartäliek
annehmen[U] *? es-haben-Sie Kredit Karte-irgendein*
Akzeptieren Sie Kreditkarte?

Zum Abschluss noch eine Liste mit nützlichen Dingen, die Sie brauchen könnten:

boligrafo	boliegrafo	Kugelschreiber
egunkari	ägunkarie	Zeitung
aldizkari	aldiesskarie	Zeitschrift
hiztegi	iesstägie	Wörterbuch
liburu	lieburu	Buch
filme	fielmä	Film
pila	piela	Batterie

Unterwegs

Wenn Sie gerade angekommen sind, müssen Sie sich erst einmal orientieren. Bevor Sie die öffentlichen Verkehrsmittel nutzen können, müssen Sie sie zu finden wissen:

zu Fuß

Non dago Larramendi kale·a?
non da(g)o larramändie kalea
wo es-ist Larramendi Straße-das[A]
Wo ist die Larramendi-Straße?

Im bidai agentzi
biedaj agänzie
Reisebüro oder im
informazio bulego
ienformassjo bulägo
Fremdenverkehrsbüro können Sie sich bestimmt einen Stadtplan besorgen.

Z·oaz dena zuzen, eta ondoren ezkerrera jo eta bigarren·a eskuinera.
ssoass däna ssuussän äta ondorän ässkärrära jo äta bigarräna ässkwienära
Sie-gehen alles gerade und dann links geben und zweite-das[A] *rechts*
Gehen Sie geradeaus, biegen dann Sie links ab und nehmen Sie die zweite rechts.

Barkatu, non d·a tren geltoki·a, mesedez?
barkatu non da trän gältokia mäshädäss
Entschuldigung wo es-ist Zug Bahnhof-das[A] *bitte*
Entschuldigung, wo ist bitte der Bahnhof?

Geltoki·a berehala d·ago, lehenengo bira·n.
gältokia bäreala da(g)o lä'änängo bieran
Bahnhof-das[A] *sofort es-ist erste Kurve-das-in*[Ine]
Sofort in der ersten Kurve ist der Bahnhof.

Richtungen

dena zuzen	däna ssussän	geradeaus
ezkerrera	ässkärrera	(nach) links
eskuinera	äshkwienjera	(nach) rechts
aurrera	aurrera	(nach) vorn
gibelera	giebälera	(nach) hinten
alboan	alboan	neben
-(e-t)an	-(ä-t)an	in/an *(wo)*
aitzine(ra)	ajziene(ra)	(nach) vorn
atze(ra)	azära	(nach) hinten
-(e-ta)ra	-(ä-ta)ra	nach *(wohin)*
-(e-ta)raino	-(ä-ta)rajno	bis *(bis wohin)*
-(e-ta)tik	-(ä-ta)tiek	aus *(woher)*
hurbil	urrbiel	in der Nähe
urruti, urrun	urrutie, urrun	weit entfernt
gora	gora	hinauf
behera	bä'ära	hinunter

zuzen-zuzen
ssussän ssussän
geradeaus

Zer koloretakoa da?
ssä kolorätakoa da
was Farbe-von[Lok]-das[A] es-ist
Welche Farbe hat er?

Adreilu horizko eraikuntza da.
adräjlu oriessko eräjkunza da
Ziegelstein gelb-aus Gebäude-(Menge) es-ist
Das Gebäude hat gelbe Ziegelsteine.

Mapa nahi nuke.
mapa naj nukä
Landkarte Wunsch ich-hätte-können
Ich hätte gern einen Stadtplan.

Orientierungspunkte

iragarki argitsu
ieragarkie argietshu
Leuchtreklame

udaletxe
udalätschä
Rathaus

herriko etxe
ärrieko ätschä
Stadthaus

Im Baskischen kann das Wort herri ärrie *Dorf, Stadt, Volk und Land bedeuten. Die Basken nennen ihr Land* Euskal Herria. *Übrigens „Stadt" heißt eigentlich* hiria ieria.

semaforo	shämaforo	Ampel
kaleargi	kaläargie	Laterne
zebrabide	ssäbrabiede	Zebrastreifen
bidegurutze	biedäguruze	Kreuzung
oinbide	ojnbiede	Bürgersteig
eskailera	äshkaljera	Treppe
karrikarte	karriekarte	Straße, Weg
kale, bide	kale, biede	Straße, Weg
karrika	karrieka	Gasse
etorbide	ätorrbiedä	Allee
ibilbide	iebielbiedä	Promenade
enparantza	änparanza	Platz
parke	parkä	Park
lorategi	loratägie	Garten
zuhaitz	ssu'ajz	Baum
auzo	ausso	Viertel
hiribarren	ieriebarrän	Vorort
alde zahar	aldä ssa'arr	Altstadt
hiribarne	ieriebarnä	Stadtzentrum
azoka	assoka	Marktplatz
ikastetxe	iekashtätschä	Schule
eliza	äliessa	Kirche
jauregi	jaurägie	Palais
gaztelu	gasstälu	Schloss, Burg
hondamendi	ondamändie	Ruine
zubi, dorre	ssubie, dorrä	Brücke, Turm
eraikin	ärajkien	Gebäude
etxe	ätschä	Haus
monumentu	monumäntu	Denkmal, Statue
erakusleiho	ärakushläjo	Schaufenster
paperontzi	papäronzie	Mülleimer

bekannte Bergdörfer & Städte

Ezpeleta ässpäläta *Espelette (F)* – Trocknen der Pfefferschoten an den Türen
Baigorriko Doneztebe bajgorrieko donässtäbä *Saint-Etienne-de-Baïgorry* – Chorbau in der Kirche, Grabstelen mit Sonnensymbolen.
Sara shara *Sare* – Fachwerkhäuser weiß gekalkt, mit rot-grünen Holzverzierungen.
Donibane Garazi doniebanä garassie *Saint-Jean-Pied-de-Port (F)*
Erronkari ärronkarie *Ronceveaux (S)* – Roland kämpfte hier gegen die Basken!
Baiona bajona *Bayonne (F)* – Schinken, Kathedrale und die Feria!
Miarritze miariezä *Biarritz (F)* – Strand, Geschäfte, Surfen
Donibane Lohitzun doniebanä lojzun *St-Jean-de-Luz (F)* – Maurice Ravel, Tunfisch
Hendaia ändaja *Hendaye (F)* – Grenzstadt, Thalassotherapie
Hondarribia ondarribia *Hondarrabia (S)* – Parador von Karl V.
Donostia donoshtia *San Sebastián (S)* – Film- und Jazzfestivals, Klassische Musik
Getaria gätaria *Guéthary (F), Guetaria (S)* – es gibt zwei mit Strand und viel Baskischem
Bilbo bielbo *Bilbao (S)* – Industriemetropole, Universität Deusto, Guggenheim-Museum
Iruña ierunja *Pamplona (S)* – Stiere, Stadtmauern, Opus Dei
Gasteiz gashtäjss *Vitoria (S)* – Hauptstadt der Comunidad Autónoma del País Vasco

In Frankreich (F) ist das Baskenland weder als Département noch als Region anerkannt. Die drei historischen baskischen Provinzen Lapurdi - *Labourd,* Behenafarroa - *Basse Navarre und* Zuberoa - *Soule gehören zum Département Pyrénées-Atlantiques und dies wiederum zur Région Aquitaine.*

In Spanien (S) gibt es die Comunidad Autónoma del País Vasco (Euskal Herriko Erkidego Autonomoa), *zu der die historischen Gebiete von* Bizkaia - *Vizcaya,* Gipuzkoa - *Guipúzcoa und* Araba - *Álava gehören, sowie die Comunidad Foral de Navarra* (Nafarroako Foru Erkidegoa).

mit dem Zug

In Bilbao gibt es eine ultra-moderne U-Bahn, deren Stationen der englische Architekt Norman Foster entworfen hat.

Eusko Trenbideak
e'ushko tränbiedeak
baskische Eisenbahn

topo topo
eine Art Bummelzug

(tren) geltoki	trän gältokie	Bahnhof
nasa	nasha	Bahnsteig
tren(bide)	trän(biedä)	Zug
zuzen	ssussän	Schnellzug
metro	mätro	U-Bahn
txartel	tschartäl	Fahrkarte
lehen maila	lä'än malja	erste Klasse
bigarren maila	biegarrän malja	zweite Klasse
joan-etorri	joan ätorrie	hin und zurück
irteera	ierteära	Abfahrt
iristera	ierieshtära	Ankunft
erretzaile	ärräzajlä	Raucher

Zer ordutan abiatzen da Baionako trena?
ssä orrdutan abiazän da bajonako träna
was Stunde-in[Ine] aufbrechen[U] es-ist Bayonne-von[Lok] Zug-das[A]
Um wie viel Uhr fährt der Zug nach Bayonne?

Donibane Garazira joan nahi dut.
donibanä garassiera joan naj dut
Donibane Garazi[All] gehen Wunsch es-habe-ich
Ich möchte nach St-Jean-Pied-de-Port fahren.

Zenbat balio du bigarren mailako joan-etorriak?
ssänbat baliejo du biegarrän majlako joan ätorriak
wie viel Wert es-hat zwei-te Klasse-das-von[Lok] gehen-kommen-das[E]
Wie viel kostet eine Hin- und Rückfahrt zweiter Klasse?

mit dem Bus

autobus	autobush	Bus
bus geltoki	bush gältokie	Busbahnhof
geldiune	gäldie'unä	Haltestelle
leihatila	läjatielja	Schalter
ordutegi	orrdutägie	Fahrplan
begiratzaile	bägierazaljä	Kontrolleur
hurrengo	urrängo	nächste
azkeneko	asskänäko	letzte
lehenengo	lä'änängo	erste
hartuta	arrtuta	besetzt

Ein Tipp: Fahren Sie einmal zur Rhune *hinauf mit der kleinen Zahnradbahn ab* Col Saint-Ignace, *rund 10 km von* Donibane Lohitzun (St-Jean-de-Luz) *entfernt. Der Zielbahnhof liegt in 900 m Höhe und eröffnet einen atemberaubenden Blick auf Meer und Berge.*

Donostia·ra·ko txartel bat.
donoshtiarako tschartäl bat
SanSebastian-nach^{All}-das-von^{Lok} Fahrkarte eins
Eine Fahrkarte nach San Sebastián.

Zer ordu·tan iris·ten d·a hurrengo bus·a?
ssär ordutan ierieshtän da urrängo busha
was Stunde-in^{Ine} erreichen^{U} es-ist nächste Bus-das^{A}
Um wie viel Uhr kommt der nächste Bus an?

Geldiune·an jaits·i nahi d·u·t.
gäldie'unean jajtshie naj dut
Haltestelle-das-an^{Ine} aussteigen Wunsch es-habe-ich
Ich möchte an der Haltestelle aussteigen.

Non alda·tzen da autobus·ez Iruñera joa·teko?
non aldazän da autobushäss ierunjera joatäko
wo wechseln^{U} es-ist Bus-mit^{Ins} Pamplona^{All} gehen-um-zu
Wo muss man für Pamplona umsteigen?

Nora doa bus hau?
nora doa bush au
wohin er-geht Bus dies
Wohin fährt dieser Bus?

Intxaurrondo·ra d·oa.
intschaurrondora doa
Intxaurrondo-nach[All] er-geht
Er fährt nach Intxaurrondo.

Ai·zu! Hau d·a Donostia·ko autobus·a?
ajssu au da donoshtiako autobusha
hören-Sie dies es-ist SanSebastian-von[Lok] Bus-das[A]
Hallo? Ist das hier der Bus nach San Sebstian?

mit dem Taxi

Man findet leicht eins in den Städten, ob in Spanien oder Frankreich. In beiden Ländern muss man sie an einem taxien geltokia tashie'än gältokiea *Taxistand* suchen. Taxifahrer halten nicht immer, wenn man sie vom Straßenrand heranwinkt.

Taxi bat hartu·ko d·u·t.
tashie bat artuko dut
Taxi eins empfangen-werden es-habe-ich
Ich werde ein Taxi nehmen.

Zenbat balio d·u kilometro·ak?
ssänbat baliejo du kilomätroak
wieviel Wert es-haben Kilometer-das[E]
Wieviel kostet der Kilometer?

Prezio·en karta ikusi nahi n·u·ke.
prässieoän karta iekushie naj nukä
Preis-die^{G} *Karte-das*^{A} *sehen Wunsch ich-hätte-können*
Ich würde gern die Preisliste sehen.

mit dem Schiff oder Flugzeug

itsasuntzi	ietshashunzie	Schiff
abioi, hegazkin	abjoj, ägasskien	Flugzeug
aireportu	ajräportu	Flughafen
hegaldi	ägaldie	Flug
maleta, balixa	maläta, baliescha	Koffer
motxila	motschiela	Rucksack
poltsa	poltsha	Tasche
informazio	ienformassio	Information
berandu	bärandu	verspätet
harrapa(tu)	arrapa(tu)	erwischen
gal(du)	gal(du)	verpassen

Zer ordu·tan irte·ten d·a lehenengo itsasontzi·a?
ssär orrdutan iertätän da lä'änängo ietshashonzia
was Stunde-in^{Ine} *weggehen*^{U} *es-ist erste Schiff-das*^{A}
Um wie viel Uhr fährt das erste Schiff?

Aireportu·ra·ko lotura·rik ba·d·ago?
ajräporturako loturariek bada(g)o
Flughafen-nach^{All}*-von*^{Lok} *Anschluss-irgendein !-es-ist*
Gibt es eine Verbindung zum Flughafen?

Hor.txe, kale·aren bihur·gune·an.
orrtschä kalearän bie'urrgunean
dort-! Straße-das-von^{G} *Biegung-das-an*^{Ine}
Genau an der Straßenecke.

mit dem eigenen Verkehrsmittel

Trotz des gut ausgebauten öffentlichen Verkehrsnetztes bleibt das Auto das schnellste Transportmittel, um sich im Baskenland fortzubewegen. Aber Vorsicht! Viele LKWs sind unterwegs, die Leute fahren schnell, die Straßen sind kurvenreich und die Kurven oft am Steilhang.

Non daude kotxeak alokatzeko ajentziak?
non daudä kotscheak alokazäko ajänziak
wo sie-sind Wagen-die[A] *vermieten-umzu Büro-die*[A]
Wo sind Autovermietungen?

In Frankreich und Spanien muss man eine Gebühr für die Autobahnbenutzung zahlen!

galtzada labaina
Achtung: Glätte!

aparkatzea debekatuta
Parken verboten

aurreratu debekatuta
Überholen verboten

autopista	autopieshta	Autobahn
errepide	ärräpiedä	Landstraße
trafiko	trafieko	Verkehr
kotxe, auto	kotschä, auto	Wagen, Auto
bizikleta	biessiekläta	Fahrrad
txirrindu	tschierriendu	Fahrrad
motozikleta	motossiekläta	Motorrad
aparkaleku	aparkaläku	Parkplatz
bidesari	biedäsharie	Maut
lanak	lanak	Baustelle
tunel	tunäl	Tunnel
kontuz	kontuss	Achtung
arrisku	arrieshku	Gefahr
karabana	karabana	Stau
bihurgune	bie'urrgunä	Kurve
sarrera	sharrära	Einfahrt
irteera	iertä'ära	Ausfahrt
matrikula	matriekula	Nummernschild

Bada aparkalekurik?
bada aparkaläkuriek
!-es-ist Parkplatz-irgendein
Wo ist ein Parkplatz?

Telefonoz hots egin dezaket?
täläfonoss otsh ägien dässakät
Telefon-mit[Ins] Laut machen es-haben-können-ich
Könnte ich telefonieren?

Tankstelle – gasolindegi gasholiendägie

hornitegi	ornietägie	Zapfsäule
zerbitzugune	ssärbiezugunä	Raststätte
gasolina	gasholiena	Benzin
gasoil	gashojl	Diesel
koipe, olio	kojpä, olio	Fett, Öl

berunik gabeko gasolina
bäruniek gabäko gasholiena
bleifreies Benzin

haizetako-garbigailu
ajssätako garbiegalju
Scheibenwischer

Koipe maila egiazta dezakezu?
kojpä malja ägiazta dässakässu
Fett Niveau-das[A] prüfen es-haben-können-Sie
Könnten Sie den Ölstand prüfen?

Neumatikoen presioa egiazta dezakezu?
nä'umatiekoän präshioa ägiazta dässakässu
Reifen-die[G] Druck-das[A] prüfen es-haben-können-Sie
Könnten Sie den Reifendruck prüfen?

Ez dut gasolinarik.
äss dut gasholienariek
nicht es-habe-ich Benzin-irgendein
Ich habe kein Benzin.

Bete ezazu.
bätä ässassu
voll machen
Volltanken.

Zein da gasolina·ren prezio·a?
ssäjn da gasholinarën prässioa
welche es-ist Benzin-das[G] *Preis-das*[A]
Was kostet das Benzin?

Panne – matxura matschura

Wenn Sie per Anhalter fahren wollen, nennt sich das autostop [egin] autoshtop [ägien].

Bada garaje·rik?
bada garacheriek
!-es-ist Werkstatt-irgendein
Wo ist eine Werkstatt?

Mekanikari bat behar d·u·t.
mäkaniekarie bat bä'ar dut
Mechaniker eins Notwendigkeit es-habe-ich
Ich brauche einen Mechaniker.

Kotxea ez d·abil.
kotschea äss dabiel
Auto-das[A] *nicht es gehen*
Mein Auto fährt nicht.

Nire kotxe·ak gasolina asko kontsumi·tzen d·u.
nierä kotscheak gasholiena ashko kontshumiezän du
mein Auto-das[E] Benzin viel konsumieren[U] es-hat-er
Mein Auto verbraucht viel Benzin.

Übrigens sind ab der spanischen Grenze die Autobahnschilder im Baskenland zweisprachig: Spanisch und Baskisch.

Motorr·a konpondu d·i·da·zu jada?
motorra konpondu diedassu jada
Motor-das[A] reparieren es-haben-mir-Sie schon
Ist mein Motorrad schon repariert?

istripu	ieshtriepu	Unfall
garaje	garachä	Werkstatt
mekanikari	mäkaniekarie	Mechaniker
motore	motorä	Motor
gurpil	gurpiel	Rad
neumatiko	ne'umatieko	Reifen
zulatuta	ssulatuta	Reifenpanne
martxan jarri	martschan jarri	starten
balazta	balassta	Bremse
kolpeleungailu	kolpäle'ungalju	Stoßstange
keinukari	käjnukarie	Blinker
faro	faro	Scheinwerfer
iheste-hodi	ieäshtä odie	Auspuff

Konponketa oso garesti·a / merke·a d·a.
konponkäta osho garäshtia / märkea da
Reparatur-das[A] ganz teuer-das[A] / billig-das[A] es-ist
Die Reparatur ist sehr teuer / preiswert.

Faktura xehe·a nahi d·u·t.
faktura scheea naj dut
Rechnung klein-das[A] Wunsch es-habe-ich
Ich möchte eine detaillierte Rechnung haben.

Kultur erleben

Bayonne ist die kulturelle Hauptstadt des nördlichen Euskadi, Donostia (San Sebastián) und Bilbo (Bilbao) die des südlichen Teils. Die hervorragenden Museen haben Bilbao zu einer der angesagtesten Städte Europas werden lassen. Zahlreiche Neubauten, wie die Oper, der Kongresspalast und die hypermoderne U-Bahn machen Bilbao heute zur großen baskischen Metropole mit internationalem Flair.

Museum der Schönen Künste in Vitoria: Gasteizko Arte Ederren Museoa.

Baskisches Museum in Bilbao: Euskal Museoa.

Museum der Schönen Künste in Bilbao: Bilboko Arte Ederren Museoa

Guggenheim-Museum in Bilbao: Bilboko Guggenheim Museoa. *(entworfen von dem amerikanischen Architekten Frank Gehry).*

Leider gibt es im Baskenland so gut wie keine Kinos, die Filme in baskischer Sprache vorführen. Zudem begrenzt sich die baskische Filmproduktion fast nur auf das Fernsehen. Am besten schaltet man also den Fernseher ein, wenn man etwas Baskisches sehen will.

Theater in baskischer Sprache ist wenig verbreitet, aber in Frankreich werden ab und zu Pastoralen aufgeführt, die bedeutende historische Ereignisse oder baskische Legenden zum Thema haben. Diese Aufführungen können mehrere Stunden dauern.

Die Musikkultur dagegen ist reich. Zahllose Konzerte und Opern werden aufgeführt. Mehrere große Musikfestivals finden im Baskenland statt. Neben dem alten Baskisch-Pop der 70er und 80er ist die traditionelle baskische Musik noch sehr lebendig: zahlreiche Bands treten auf und flirten gerne mit Crossover (Oskorri,...). Die traditionellen Instrumente heißen:

txistu tschieshtu – Holzblasinstrument, das mit einer Hand gespielt wird
dultzaina dulzanja – kegelförmige Schalmei, die in Navarra sehr populär ist
alboka alboka – entfernt mit Oboe und Horn verwandt, mit zwei Mundstücken
txalaparta tschalaparta – Holzstöcke mit denen auf Holzbretter geklopft wird

Festival der klassischen Musik in San Sebastián: Donostiako Musika Hamabostaldia

Musikfestival in Errenteria mit baskischer Musik seit dem 15. Jh.: Musikaste

In San Sebastián kann man alljährlich im September eines der besten internationalen Filmfestivals genießen.

Non da antzoki·a/zine·a?
non da anzokia / ssienea
wo es-ist Theater-das[A]*/Kino-das*[A]
Wo ist das Theater/Kino?

museo	musheo	Museum
zine	ssienä	Kino
antzoki	anzokie	Theater (Ort)
antzerki	anzärkie	Theater (Kunst)
antzezlan	anzässlan	Theaterstück
-aldi	-aldie	Festival
film	fielm	Film
musika	mushieka	Musik
kontzertu	konzärtu	Konzert
emanaldi	ämanaldie	Konzert
orkestra	orkäshtra	Orchester
opera	opera	Oper
dantza	danza	Tanz
kanta, kantu	kanta, kantu	Gesang
abesti	abäshtie	Gesang
jai, festa	jaj, fäshta	Fest
dantzaldi	danzaldie	Ball
diskoteka	dieshkotäka	Diskothek
pastorala	pashtorala	Pastorale

Azoka·ko enparantza·tik hurbil d·ago.
assokako enparanzatiek urrbiel da(g)o
Markt-das-von^{Lok} *Platz-das-von*^{Abl} *nahe es-ist*
Es ist in der Nähe vom Marktplatz.

Alde zaharre·an ba·d·a bat.
aldä ssa'arrean bada bat
Seite alt-das-in^{Ine} *!-es-ist eins*
Es gibt eins in der Altstadt.

Die Basken sind im Allgemeinen sportlich und die traditionellen Sportarten gehören zum Land und zur Kultur. Beliebt sind vor allem der Stierkampf und das Ballspiel Pilota. Daneben gibt es zahllose andere Sportarten, die je nach Dorf nach unterschiedlichen Regeln augeübt werden. Diese sind mehr oder weniger Überbleibsel alter Zunftbräuche der Handwerke. Alljährlich organisieren Dörfer Wettkämpfe der Force Basque. Im Sommer treten die besten Männer der Dörfer am örtlichen Pilota-Spielplatz gegeneinander an:

soka tira shoka tiera	Tauziehen (wie bei uns)
zakulari ssakularie	Sackschleppen: Man läuft um die Wette mit einem schweren Getreidesack auf den Schultern
haizkolari ajsskolarie	Holzhacken um die Wette
harrijasotzaile arriejashozajlä	Gewichtheben um die Wette mit Steinen

Der Stierkampf zezenketa wird im Baskenland sehr geschätzt. Die Stierkampftradition in Bayonne reicht bis ins 12. Jh. zurück. Fünf Festtage lang ist die Stadt schwarz vor Menschen. Hier findet man alles, was das Baskenland ausmacht: Kunsthandwerk, lokale Spezialitäten, Folkloregruppen. Höhepunkt des Spektakels ist das Freilassen der Stiere. Man führt die Stiere durch die Straßen zur Arena, und die Mutigsten laufen vorweg.

Das berühmteste Stierkampffest ist zweifellos in Iruña *am 7. Juli, dem Tag von* San Ferminak.

Non daude zezenketak?
non daudä ssässänkätak
Wo sie-sind Stierkampf-die[A]
Wo findet der Stierkampf statt?

Zer ordutan dira zezenketak?
ssär orrdutan dira ssässänkätak
was Stunde-an[Ine] *sie-sind Stierkampf-die*[A]
Um wie viel Uhr findet der Stierkampf statt?

Die baskische pilota ist ein typisches Postkartenmotiv des Baskenlandes! Es gibt kein Dorf, das nicht sein pilotaleku hat. Ein Spieler der baskischen Pelota heißt pilotari. Zahlreiche Wettbewerbe finden das ganze Jahr über statt. Der udal pilotaleku udal pielotaläku ist der (Pelota-)Spielplatz, mit einer 10,50 m hohen Mauer und einem 35-100 m langen und 16 m breiten Spielfeld.

Non dago pilotalekua?
non dago pielotaläkua
wo es-ist Pilotaplatz-das[A]
Wo ist der Pelota-Spielplatz?

kirol	kierol	Sport
partidu	partiedu	Spiel
lehiaketa	läjakäta	Wettkampf
txapelketa	tschapälkäta	Meisterschaft
txapeldun	tschapäldun	Gewinner
sari	ssharie	Preis
ekipo, talde	äkiepo, taldä	Mannschaft
futbol	futbol	Fußball
baloi, pilota	baloj, pielota	Ball
irabaz(i)	ierabass(ie)	gewinnen
gal(du)	gal(du)	verlieren
jolas(tu)	jolash(tu)	spielen

Das Kartenspiel mus ist sehr beliebt bei den Basken. Es wird zu viert gespielt. Die Spieler bilden zwei Mannschaften und setzen auf ihr gutes Blatt. Im Spiel geht es vor allem um

Strategie und Bluff, gelogen wird viel. Es wird in Bars gespielt, in Cafés, auf der Straße. Auch intellektuelle Wettkämpfe gehören zu den Leidenschaften der Basken. Zum Beispiel die Wettstreite der bertsolari bärtsholarie. Das sind außergewöhnliche Stegreif-Dichter, die Verse über politische, kulturelle oder häusliche Themen nach strikten Regeln für Reim und Versmaß improvisieren.

Die Basken lieben Feste jai jaj und der Monat August ist besonders günstig dafür. Die bekanntesten sind in Vitoria, Bilbo und vor allem in Donostia: Nachmittags döst man am Strand, um ab 19 Uhr in eine Nacht ohne Schlaf einzutauchen. Diese Feste werden von fantastischen Feuerwerken suziri shussierie über dem Meer begleitet. Auf keinen Fall verpassen!

Die besten bertsolari *sind echte Stars im Baskenland. Das baskische Fernsehen, ob* FR3 Euskal Herria *in Frankreich oder* Euskal Telebista *in Spanien, lässt es sich nicht entgehen, die Highlights in seinen Sendungen zu zeigen.*

Bada festarik gaur arratsean?
bada fäshtariek gaurr arratshean
!-es-ist Fest-irgendein heute Abend-das-an[Ine]
Finden heute Abend Feste statt?

Zer ordutan dira suziriak?
ssä ordutan diera shussieriak
was Stunde-an[Ine] sie-sind Rakete-die[A]
Um wie viel Uhr findet das Feuerwerk statt?

Strand, Berge & Natur

Die Strände von Euskal Herria sind zu Recht berühmt. Im Norden liegen der schicke, elegante Strand von Miarritze *Biarritz* und der Strand von Donibane Lohitzun *St-Jean-de-Luz*. Im Süden liegen die herrliche Kontxa von Donostia, Strände von Zarautz, Deba, Lekeitio...

In Donibane Lohitzun *ließ sich der Baske Maurice Ravel oft inspirieren.*

itsaso	ietshasho	Meer
hondartza	ondarza	Strand
harea, harri	area, arrie	Sand, Stein
mendi, haran	mändie, aran	Berg, Tal
irla, uhin	ierla, u'ien	Insel, Welle
itsasgora	ietshashgora	Flut
itsasbehera	ietshashbä'ära	Ebbe
laku, aintzira	laku, ajnziera	See, Lagune
ibai, erreka	iebaj, ärräka	Fluss

Euskal Herri·a oso mendi·tsu·a d·a.
e'ushkal ärria osho mändietshua da
baskisch Land-das^{A} ganz Berg-artig-das^{A} es-ist
Das Baskenland ist sehr bergig!

iegärie ägien	**igeri egin**	schwimmen
iebiel(ie)	**ibil(i)**	spazieren gehen
murgiel(du)	**murgil(du)**	tauchen
arranza ägien	**arrantza egin**	angeln, fischen
pärrätschieko bilja	**perretxiko bila**	Pilze sammeln
lorä biel(du)	**lore bil(du)**	Blumen pflücken
biedä iebielaldie	**bide, ibilaldi**	Weg, Wanderung
giedarie	**gidari**	Bergführer

kai	kaj	Kai, Hafen
itsasargi	itshashargie	Leuchtturm
buia, bandera	buja, bandära	Boje, Fahne
etzaulki	äzaulkie	Liegestuhl
igerileku	iegärieläku	Schwimmbad
ur-eski	urr äshkie	Wasserski
ur-pedal	urr pädal	Tretboot
belauntzi	bälaunzie	Segelboot

bandera berde/hori/gorri
bandära bärdä/orie/gorrie
grüne/gelbe/rote Fahne

ekitako
äkietako
Sonnenschirm

igeritako gerruntze
iegärietako gärrunzä
Rettungsring

txalupa neumatiko
tschalupa nä'umatieko
Schlauchboot

belar, landare	belar, landarä	Gras, Pflanze
arbola, zuhaitz	arrbola, ssu'ajz	Baum
hosto, adar	oshto, adar	Blatt, Ast
perretxiko	pärrätschieko	Pilz
soro, zelai	shoro, ssälaj	Feld
maskor	mashkor	Muschel
animalia,lore	animalia lorä	Tier, Blume
txakur, zakur	tschakur, ssakur	Hund
katu, txori	katu, tschorie	Katze, Vogel
ardi, behi	ardie, bäie	Schaf, Kuh
zezen, oilo	ssässän, oljo	Bulle, Huhn
txerri, zerri	tschärrie, ssärrie	Schwein
zaldi, asto	ssaldie, ashto	Pferd, Esel
ahate, arrain	a'atä, arrajn	Ente, Fisch

Unterkunft

Wo können Sie denn nun im Baskenland die Nacht verbringen?

ostalaritza	oshtalarieza	Unterkunft
kanpina	kanpienja	Camping
denda	dända	Zelt
karabana	karabana	Wohnwagen
pentsio	päntshieo	Pension
apartamendu	apartamändu	Apartment
etxe	ätschä	Haus
ostatu	oshtatu	Gasthaus
hotel	otäl	Hotel

gazteen ostatu
gasstä'än oshtatu
Jugendherberge

Non dago hotel hau?
non da(go) otäl au
wo es-ist Hotel dies
Wo ist dieses Hotel?

Gela bat nahiko nuke.
gäla bat najko nukä
Zimmer eins Wunsch-! ich-hätte-können
Ich hätte gern ein Zimmer.

Hier hängen Sie einfach nahiko nuke an:

Ohe bakarreko/bikoitzeko gela ...
o'ä bakarräko/biekojzäko gäla
Bett einzig-das-von^{Lok}/doppel-das-von^{Lok} Zimmer
... ein Einzelzimmer/Doppelzimmer.

Bainu·gela d·u·en gela nahi·ko n·u·ke.
banjugäla duän gäla najko nukä
Bad-zimmer es-hat-welches[Rel] *Zimmer Wunsch-!*
ich-hätte-können
Ich hätte gern ein Zimmer mit Bad.

Kombinieren Sie mit ...duen gela nahiko nuke:

Kale·ra/patio·ra ema·ten ...
kalära/patjora ämatän
Straße-zu[All]*/Hof-zu*[All] *geben*[U]
... zur Straße/zum Hof.

Itsaso·ra·ko/mendi·etara·ko ikuspegi·a ...
ietshashorako/mändietarako iekushpägia
Meer-nach[All]*-von*[Lok]*/Berg-nach*[All]*-von*[Lok]
Blick-das[A]
... mit Blick aufs Meer/auf die Berge.

Zein da prezio·a (gosari barne)?
ssäjn da prässjoa (gosharie barnä)
welche es-ist Preis-das[A] *(Frühstück innere)*
Wie teuer ist es (inklusive Frühstück)?

... zerbitzu·a eta zerga·k barne?
ssärbiezua äta ssärgak barnä
Service-das[A] *und Steuer-die*[A] *innere*
... inklusive Service und Steuern?

Zazpi·etan iratzar n·aza·zu.
ssasspie'ätan ierazar nassassu
sieben-um[Ine] *aufwecken mich-haben-Sie*
Wecken Sie mich um 7 Uhr.

Wenn Sie noch Fragen haben, können diese Wörter von Nutzen sein:

harrera	arrära	Rezeption
denda jarri	dända jarrie	Zelt aufstellen
erreserba	erräshärba	Reservierung
gelarik ez	gälariek äss	ausgebucht
mahai, aulki	ma'aj, aulkie	Tisch, Stuhl
ate, leiho	atä, läjo	Tür, Fenster
sukalde	shukaldä	Küche
argi	argie	Licht
giltza	gielza	Schlüssel
ohe, armairu	o'ä, armajru	Bett, Schrank
telebista	täläbieshta	Fernseher

Kontu·a nahi·ko n·u·ke.
kontua najko nukä
Rechnung-das[A] *Wunsch-! ich-hätte-können*
Ich hätte gern die Rechnung.

Toilette & Co.

Auf einen Blick alles, was Sie brauchen, um als Frau nicht auf die Herrentoilette zu gehen und umgekehrt:

Non dago komuna?
non da(g)o komuna
wo es-ist Toilette-das[A]
Wo ist die Toilette?

Non daude komunak?
non daudä komunak
wo sie-sind Toilette-die[A]
Wo sind die Toiletten?

komun(ak)	komun(ak)	Toilette(n)
gizonezkoak	giessonässkoak	Herren
emakumezkoak	ämakumässkoak	Damen
komuneko paper	komunäko papärr	WC-Papier
konpresa	konpräsha	Binde
tanpax	tanpaks	Tampon
jaboi	jaboi	Seife
toaila	toalja	Handtuch
ur	urr	Wasser
berogailu	bärogalju	Boiler
kalefazio	kaläfassjo	Heizung
garbi(tu)	garbie(tu)	waschen
baina(tu)	banja(tu)	baden
bainu	banju	Bad
dutxa(tu)	dutscha(tu)	duschen
lehor(tu)	lä'orr(tu)	trocknen

Geld, Post & Telefon

Da nicht sicher ist, ob Sie einen Basken vor sich haben, fragen Sie besser nach. Sonst sprechen Sie besser Französisch bzw. Spanisch.

auf der Bank – bankuan bankuan

Ba·d·a·ki·zu euskara·z?
badakiessu e'ushkarass
!-es-wissen-Sie Baskisch-auf^{Ins}
Sprechen Sie Baskisch?

Txeke·z ordain d·aite·ke?
tschäkäss orrdajn dajtäkä
Scheck-mit^{Ins} *bezahlen es-sein-können*
Kann ich mit Scheck bezahlen?

Ez, eskudiru·z bakarrik.
äss äshkudieruss bakarriek
nein Bargeld-mit^{Ins} *allein*
Nein, nur bar.

Kreditu txartel·az ordain de·za·ke·zu.
krädietu tschartälass orrdajn dässakässu
Kredit Karte-mit^{Ins} *bezahlen es-haben-können-Sie*
Sie können mit Kreditkarte zahlen.

Non d·ago truke bulego·a?
non da(g)o trukä bulägoa
wo es-ist Wechsel Büro-das^{A}
Wo ist eine Wechselstube?

Non truka dezaket dirua?
non truka dässakät dierua
wo wechseln es-haben-können-ich Geld-das[A]
Wo kann ich Geld wechseln?

banketxe	bankätschä	Bankhaus
truke bulego	trukä bulägo	Wechselstube
truka(tu)	truka(tu)	wechseln
bidai-txeke	bidaj tschäkä	Reisescheck
diru	dieru	Geld
moneta	monäta	Kleingeld
banku bilete	banku bieljätä	Banknote

im Postamt – postan poshtan

Zer ordutan irekitzen dute postetxea?
ssä ordutan ieräkiezän dutä poshtätschea
was Stunde-in[Ine] *öffnen*[U] *es-haben-sie Post-Haus-das*[A]
Um wie viel Uhr öffnet die Post?

Zenbat da Kanadarako seilu bat?
ssänbat da kanadarako shälju bat
wieviel es-ist Kanada-nach[All]*-von*[Lok] *Briefmarke 1*
Was kostet eine Briefmarke nach Kanada?

Pakete bat igorri nahi dut Hamburgera.
pakätä bat iegorrie naj dut amburrgära
Paket eins schicken Wunsch es-habe-ich Hamburg-nach[All]
Ich möchte ein Paket nach Hamburg schicken.

Abioi·ez·ko posta arrunt·a baino garesti·ago·a d·a.
abjojässko poshta arrunta banjo garäshtiagoa da
Flugzeug-mit^{Ins}-von^{Lok} Post gewöhnlich-das^{A} als teuer-mehr-das^{A} es-ist
Luftpost ist teurer als normale Post.

Europar Batasun·era·ko postal·entzako bost seilu behar n·it·uz·ke.
e'uropar batashunerako poshtalänzako bosht shälju bäarr nietusskä
Europäisch Union-nach^{All}-von^{Lok} Post-für^{Ben} fünf Briefmarke verpflichten Sie-Mz-haben-können
Ich hätte gern fünf Briefmarken für Postkarten innerhalb der EU.

postakutxatila
poshta kutschatielja
Postfach

postetxe	poshtätschä	Postamt
postontzi	poshtonzie	Briefkasten
seilu	shälju	Briefmarke
gutun, eskutitz	gutun, äshkutiez	Brief
gutun ziurtatu	gutun ssie'urrtatu	Einschreiben
abioiez	abieojäss	per Luftpost
gutunazal	gutunassal	Umschlag
pakete	pakätä	Paket
postal	poshtal	Postkarte
helbide	älbiedä	Adresse
telefono	täläfono	Telefon
zenbaki	ssänbakie	Nummer
telefona(tu)	täläfona(tu)	telefonieren
telefonliburu	täläfonlieburu	Telefonbuch
telefono-kabina	täläfono kabiena	Telefonzelle
telegrama	tälägrama	Telegramm
fax	faks	Fax

Polizei

Im spanischen Baskenland gibt es einerseits die spanische Guardia Civil, die im Baskenland nicht sehr beliebt ist, und andererseits die baskische Polizei Ertzantza ärzanza.

Es gibt auch noch die Stadtpolizisten Udaltzaingo udalzajngo, *die wirklich als Freund und Helfer fungieren, und die man immer um Auskünfte bitten kann. Für „Polizei" und „Polizist" kann man auch einfach* polizia poliessia *sagen.*

Non da komisaldegirik hurbilena?
non da komieshaldägieriek urrbieljena
wo es-ist Polizeiwache-irgendein nah-meist-das[A]
Wo ist die nächste Polizeiwache?

Zer gertatu da?
ssär gärtatu da
was passieren es-ist
Was ist passiert?

Nire poltsa ostu didate.
nierä poltsha oshtu diedatä
mein Tasche-das[A] *stehlen es-haben-mir-sie*
Man hat mir meine Handtasche gestohlen.

Galdu ez duzula ziur zaude?
galdu äss dussula ssie'urr ssaudä
verlieren nicht es-haben-Sie-dass sicher Sie-sind
Sind Sie sicher, dass Sie sie nicht verloren haben?

Gauza asko zenituen?
gaussa ashko ssänietuän
Gegenstand viel Sie-Mz-haben-V
Hatten Sie viele Sachen?

Dena: pasaporte·a, nortasun agiri·a, gidabaimen·a, dirua...
däna pashaportea nortashun agieria giedabajmäna dierua
alles Pass-das^A Personalausweis-das^A Führerschein-das^A Geld-das^A
Alles. Pass, Ausweis, Führerschein, Geld...

Krank sein

Wenn Sie einmal krank werden sollten, hilft Ihnen im spanischen Baskenland auch:

Non d·a sorostetxe·a?
nonda shoroshtätschea
wo es-ist Erste-Hilfe-Zentrum-das^A
Wo ist das Erste-Hilfe-Zentrum?

Non d·ago farmazia·rik hurbil·en·a?
non da(g)o farmassiariek urrbieljäna
wo es-ist Apotheke-irgendein nah-meist-das^A
Wo ist die nächste Apotheke?

shoroshtätsche	**sorostetxe**	Erste-Hilfe-Zentrum
oshpietalä, ärietätschä	**ospitale, eritetxe**	Krankenhaus
farmassia, botieka	**farmazia, botika**	Apotheke
anbulanzia	**anbulantzia**	Ambulanz
guruzä gorrie	**gurutze gorri**	Rotes Kreuz
shändagieljä, oshagieljä	**sendagile, osagile**	Arzt
agienlarie, okulieshta	**haginlari, okulista**	Zahnarzt, Augenarzt
äriessajn	**erizain**	Krankenschwester

Larrialdietako zenbakia behar dut.
larrialdie'ätako ssänbakia bäar dut
Unwohlsein-die-von[Lok] *Nummer-das*[A] *Notwendigkeit es-habe-ich*
Ich brauche die Notrufnummer.

Non da larrialdien zerbitzua?
non da larrialdie'än ssärrbiezua
wo es-ist Unwohlsein-die[G] *Service-das*[A]
Wo ist der Notdienst?

Anbulantzia bati dei egin.
anbulanzia batie däj ägien
Krankenwagen eins Ruf machen
Rufen Sie einen Krankenwagen.

Laguntza behar dut.
lagunza bäarr dut
Hilfe-! Notwendigkeit es-habe-ich
Ich brauche Hilfe.

Körper – gorputz gorpuz

bihotz, birika	bie'oz, bierieka	Herz, Lunge
sabel, heste	shabäl, äshtä	Bauch, Darm
gibel, gihar	giebäl, gie'ar	Leber, Muskel
(gernu-)maskuri	(gärnu) mashkurie	(Harn-)Blase
gernu, txiza	gärnu, tschiessa	Urin
saihets	shajätsh	Rippe
hezur	ässurr	Knochen
bizkarrezur	biesskarrässurr	Wirbelsäule
azal, odol	assal, odol	Haut, Blut

Auf andere Körperteile können Sie ganz einfach zeigen.

Hemen d·u·t mina.
ämän dut mienja
hier es-habe-ich Schmerz-das[A]
Es tut hier weh.

Min·ez n·ago.
mienjäss na(g)o
Schmerz-mit[Ins] *ich-bin*
Ich habe Schmerzen.

buruko mien	**buru·ko min**	Kopfschmerzen
orzäko mien	**hortze·ko min**	Zahnschmerzen
ässtarrieko mien	**eztarri·ko min**	Halsschmerzen
urrdailjäko mien	**urdail·eko min**	Magenschmerzen

Gaizki senti·tzen n·aiz.
gajsskie shäntiezän najss
schlecht fühlen[U] *ich-bin*
Ich fühle mich schlecht.

Eri/gaixo n·ago.
ärie/gajscho na(g)o
krank ich-bin
Ich bin krank.

tenperatura altu/baxu
tänpäratura altu/baschu
hohe/niedrige Temperatur

Ez n·aiz ondo senti·tzen.
äss najss ondo shäntiezän
nicht ich-bin gut fühlen[U]
Ich fühle mich nicht gut.

Sukarr·a d·u·t.
shukarra dut
Fieber-das[A] *es-habe-ich*
Ich habe Fieber.

Katarroa dut.
katarroa dut
Erkältung-das[A] *ich-habe*
Ich bin erkältet.

Eztula dut.
äztula dut
Husten ich-habe
Ich habe Husten.

Eguzki·ak jota n·ago.
ägusskieak jota na(g)o
Sonne-die[A] *Schlag ich-bin*
Ich habe einen Sonnenstich.

Zaurituta nago!
ssaurietuta na(g)o
verwundet ich-bin
Ich bin verletzt!

Txorabiltzen naiz.
tschorabielzän najss
schwindeln^U ich-bin
Mir ist schwindelig.

hautsita	autshieta	gebrochen
infekzio	ienfäkssjo	Infektion
berazko	bärassko	Durchfall
alergi	alärgie	Allergie
espasmo	äshpashmo	Krampf
haurdun	aurrdun	schwanger
zauri	ssaurie	Verletzung
istripu	ieshtriepu	Unfall
oka egin	oka ägien	erbrechen
ebaki	äbakie	Schnitt
intsolazio	ientsholassjo	Sonnenbrand
sendagai	shändagaj	Medikament
errezeta	ärrässäta	Rezept
operazio	opärassjo	Operation
igeltsadura	iegältshadura	Gips
bendaje	bändajä	Verband
esparadrapu	äshparadrapu	Pflaster
pilula	pielula	Tablette

bazkalaurrean
basskalaurrean
vor der Mahlzeit

bazkalostean
basskaloshtean
nach der Mahlzeit

bazkarian
basskarian
zur Mahlzeit

goizean
gojssean
morgens

arratsean
arratshean
abends

egunean hiru aldiz
ägunean ieru aldiess
dreimal täglich

Sorotsi!
shorotshie
beobachten
Achtung!

Lagundu!
lagundu
helfen
Hilfe!

Literaturhinweise

Möchten Sie Ihre Baskisch-Kenntnisse weiter vertiefen, empfehlen wir Ihnen folgende Bücher und Internetadressen:

Diese Bücher und Schriften sind nicht über den Reise Know-How Verlag erhältlich. Bitte wenden Sie sich an Ihre Buchhandlung!

Wörterbuch des Baskischen, Helmut Kühnel, Reichert Verlag Wiesbaden 1999 – *ein wirklich empfehlenswertes Wörterbuch.*

Etymologisches Wörterbuch der baskischen Sprache. Dialekte von Labourd, Nieder-Navarra und La Soule, Martin Löpelmann, de Gruyter 1968 – *nur für Spezialisten mit einem dicken Portemonee!*

A brief grammar of Euskara, the basque language, University of the Basque Country, Office of the Vice-Rector for the Basque Language, www.ehu.es/grammar – *eine komplexe, aber ausführliche Grammatik!*

Introduction to Basque, Alan R. King, www.eirelink.com/alanking/basquep.htm – *eine hilfreiche Einführung aus englischer Sicht.*

Eskuara, asignoret.free.fr/eskuara – *nette Einführung mit Hörbeispielen aus französischer Sicht.*

Materiales de estudio de euskera, J. C. Ruiz Antón (Universitat Jaume I, Castelló), www3.uji.es/~ruiz/typol/euskera.htm – *noch eine gute Einführung aus spanischer Sicht.*

Gramatica didáctica del Euskera, Ilari Zubiri, Didaktiker 1994 – *eine gute Grammatik, allerdings nur auf Spanisch.*

La grammaire basque du navarro-labourdin littéraire, Pierre Lafitte, Elkar 1944 – *umfassende französischsprachige Grammatik, allerdings nur unter Berücksichtigung der nördlichen Dialekte.*

Euskara - Ingelesa / Ingelesa - Euskara hiztegia, Gorka Aulestia und Linda White, Elkar – *gutes Englisch-Baskisches Wörterbuch*

Hiztegi entziklopedikoa, Elhuyar kultur elkartea 1993 – *ein einsprachiges baskisches Wörterbuch mit mehr als 75 000 Einträgen!*

Allgemeine Informationen im Internet gibt es in Deutsch, Englisch, Französisch und Baskisch unter www.euskadi.net. *Nachrichten, Land und Leute, Infrastrukturen, Tourismus, Kultur, Sprachen, Wirtschaft und Industrie, Umwelt, Regierung und Institutionen, Medien – hier wird man fündig.*

In der nachfolgenden Wortliste sind bei den ***Verhältniswort****-Endungen jeweils alle drei Formen in dieser Reihenfolge angegeben: unbestimmt, bestimmte Einzahl und bestimmte Mehrzahl.*

Bei ***Tätigkeitswörtern*** *steht die Grundform-Endung in Klammern. Bei zusammengesetzen Tätigkeitswörtern steht das zu beugende Wort in Klammern.*

Fälle: *Alle Fälle sind in runden Klammern angegeben, außer dem Absolutiv, da dieser die Grundform darstellt.*

Person: *Welche Person gemeint ist, steht in runden Klammern. Dabei ist für die 3. Person Einzahl vereinfachend nur „er, ihn, ihm“ angegeben, es steht aber auch für das weibliche und sächliche Geschlecht. Ist bei „sie“ explizit das weibliche Geschlecht gemeint, steht ein (w) dahinter, sonst gilt es für die Mehrzahl „sie“.*

Abkürzungen:
Abl = Ablativ
Abs = Absolutiv
All = Adlativ
App = Approximativ
Ass = Assoziativ
Ben = Benefaktiv
Dat = Dativ
Erg = Ergativ
Ez. = Einzahl
Gen = Genitiv
Ine = Inessiv
Ins = Instrumental
Lok = Lokativ-Genitiv
m. = männlich
Mot = Motivativ
Mz. = Mehrzahl
Pro = Prolativ
w. = weiblich

A

Abend arratsalde
Abendessen afari
abends arratsean
aber baina
Adresse helbide
Allee hiribide
allein bakarrik
Allergie alergi
alles dena
als baino
Altstadt alde zahar
Ampel semaforo
an *(Ine):* -(e)tan; -(e)an; -etan
andere beste
Angelhaken amu
angeln arrantza egin
angenehm atsegin
anhalten geldi[tu]
ankommen irits[i]
Ankündigung iragarki
annehmen onar[tu]
Ansicht bista
Apartment apartamendu
Aperitif aperitibo
Apfel sagar
Apfelwein sagardo
Apfelweinbar sagardotegi
Apotheke botika; farmazia
Aprikose mertxika
Arbeit lan
Arm beso
Artischocke orburu
Arzt mediku
auch baita; ere *bejahend*
aufbrechen *(los)* abia[tu]
Aufschnitt lukainka
aufwecken iratzar[tu]

Auge begi
aus -[e]tatik; -[e]tik; -etatik *(Abl)*
Ausgang irteera
ausgeben gasta[tu]; xahu[tu] *(Geld)*
aussteigen jaits[i]
Auster ostra
Auto auto
Autobahn autopista; errepide; karretera
Autor idazle
Autoscheinwerfer faro

B

Bäckerei okindegi
Badeanzug bainujantzi
Badezimmer bainugela
Bahnhof tren geltoki
Bahnsteig nasa
Ball dantzaldi *(Tanz)*; baloi *(Spiel-)*
Banane banana
Bank banku
Bankhaus banketxe
Banknote banku bilete
Bar taberna
Bargeld eskudiru
Baskenland Euskal Herria
Baskenmütze txapel
Baskisch Euskara *(Sprache)*; Euskaldun *(sprechend)*
Bauch sabel
Baum zuhaitz
Baumwolle kotoi
bedecken estali
Behandlung tratamendu
bei *(Ine)*: 1. *(Sache)*: -(e)tan; -(e)an; -etan; 2. *(Person)*: -(r)engan; -arengan; -engan
Bein hanka
Benzin gasolina
beobachten sorots[i]
Berg mendi
besuchen bisitatu
Betäubung anestesi
Bett ohe
bewahren gorde
bezahlen ordain[du]
Bier garagardo
Bikini bikini
billig merke
Birne madari
bis -[e]taraino; -[e]raino; -etaraino *(App)*
bis wann noiz arte; noiz arte
wohin norantz
bitte mesedez
Bitte, bitte arren
Blase *(Harn-)* gernu-maskuri
Blatt hosto
blau urdin
Blei berun
Blinddarmentzündung apendiziti
Blinker keinukari
Blume lore
Blumenkohl azalore
Bluse blusa
Blut odol
Boje buia
Bohne, grüne leka
braun marroi
Bremse balazta
bremsen balaztatu
Brief gutun
Briefkasten postontzi
Briefmarke seilu
Brieftasche diruzorro
Brille betaurreko
bringen ekarr[i]
Brokkoli brokoli
Brot ogi
Brücke zubi
Bruder anaia
Brust bular
Buch liburu
Buchhandlung liburudenda
Bummelzug topo
Burg gaztelu
Bürgersteig oinbide
Bus autobus
Bushaltestelle bus geltoki

C

Café kafetegi
Camping kanpin
Cousin lehengusu
Cousine lehengusina

D

da *(bitte)* tori
danach gero
Dank esker
dann ondoren
Darm heste
dass -la
definitiv behin-betikoa
dein zure (Gen)
deshalb horregatik
Deutsch alemaniera
Deutschland Alemania

dies hau; honek *(Erg)*
diese ***Mz.*** hauek
Diesel gasoil
dich 1. *(durch; Ins):* zutaz; 2. *(für; Ben):* zuretzat
dir 1. *(Dat):* zuri; 2. *(mit; Ass):* zurekin
Diskothek diskoteka
Dorsch legatz
Dosis dosi
du zu; zuk *(Erg)*
Durchfall berazko
durch *(Ins):* -(e)z; -az; -ez; nitaz *(mich)*; zutaz *(Sie)*; *hartaz (ihn)*; beraz *(ihn)*; gutaz *(uns)*; zuetaz *(euch)*; haietaz *(sie)*; berez *(sie)*
durchlöchern zula[tu]
Dutzend dozena

E

Ebbe itsasbeherea
eben jener horixe
Ecke izkina
Ehefrau emazte
Ei arraultz
ein paar pare
einander elkar
Eingang sarrera
eins bat
Einschreiben gutun ziurtatu
eintreten sar[tu]
Eintritt sartze
einzig bakar
Eis izozki
Eisdiele izozkidenda
Eisen burdin
Eisenbahn trenbide
Ellenbogen ukondo
Elternteil guraso
empfangen har[tu]
Enkel(in) biloba
entkoffeiniert deskafeinatu
Entschuldigung barkatu
er 1. *(Abs):* bera; hura; 2. *(Erg):* berak; hark
erbrechen oka [egin]
Erbse ilar
Erdbeere marrubi
erkältet sein katarro [izan]
erreichen irits[i]
erste lehenengo
Erste Hilfe sorospen
erste Klasse lehen maila
essen jan
etwas zerbait
euch 1. *(Dat):* zuei; 2. *(mit; Ass):* zuekin; 3. *(durch; Ins):* zuetaz; 4. *(für; Ben)* zuentzat
euer zuen (Gen)
europäisch europar
Europäische Union Europar Batasun

F

Fahne bandera
Fahrbahn galtzada
Fahrplan, Zeitplan ordutegi
Fahrrad bizikleta; txirrindu
farbe kolore
fasten barau [egin]
fein fin
Feld soro; zelai
Fenster leiho
Fest festa; jai
-festival -aldi
Fett koipe
feucht heze
Feuerwerk suziri
fordern eska[tu]
Feuerwehrmann suhiltzaile
Fieber sukar
Film film
finden aurki[tu]
Finger hatz
Fisch arrain
Fischer arrantzale
Flasche botila
Fleisch haragi
fliehen ihes [egin]
Flughafen aireportu
Flugzeug abioi; hegazkin
Fluss ibai
Flut itsasgora
Forelle amuarrain
Frau andre; emakume
frei libre
freuen, sich poza hartu
Freund lagun; adiskide *m.*
Friedhof hilerri
Frühling udaberri
Frühstück gosari
fühlen senti[tu]
Führer gidari
Führerschein gidabaimena
für *(Ben):* -(r)entzat; -arentzat; -entzat; niretzat *(mich)*; zuretzat *(Sie)*; harentzat *(ihn)*; beretzat *(ihn)*; guretzat *(uns)*; zuentzat *euch)*; haientzat *(sie)*; berentzat *(sie)*
für wen *(Ben):* norentzat
Fuß oin

G

Gabel sardeska

Gang korridore
ganz oso
Garage garaje
Garnele izkira
Garten lorategi
Gasthaus ostatu
Gebäude eraikin
geben eman
Gebiss hortzeria
gebraten erre
Gedanke asmo
Gefahr arrisku
Gegenstand gauza
gegenüber aurrean
gegrillt erre
gehen joan
gelb hori
Geld diru
Gemüse ***Ez.*** barazki
Genesung sendaketa
geöffnet irekita
gerade zuzen
Gericht (Essen) janari
Gesang abesti
geschlossen itxita
Geschwulst hantura
Gesicht aurpegi
Gesundheit osasun
Getränk edari
Gewicht pisu
gewiss noski
gewöhnlich arrunt
gibt es badago
Gips igeltsadura
Glas baso; ontzi *(Trink-)*
gleich berdin
Glück zorion
Glückwünsche zorionak
Gold urre
Gras belar
grau gris
Griff euskarri
groß handi
Großmutter amona
Großvater aitona
grün berde
grüßen agur[tu]
Gunst mesede
Gurke kalabazin
Gürtel gerriko
gut on; ondo; ongi; ontsa
Gute Nacht gabon
Gute Reise ongi joan
Guten Abend arratsalde on
Guten Tag egun on

H

Haar ile
haben ukan; eduki *(siehe Grammatik)*
Hafen kai
Hähnchen oilasko
Hähnchenfleisch oilaki
Hallo! kaixo!
Hals lepo
Halsschmerzen eztarriko min
halten für *(Pro):* -tzat
Haltestelle geldiune
Hand esku
Handkoffer balixa
Handschuh eskularru
Handtasche eskuko poltsa
Häppchen pintxo
Haus etxe
Hausfrau etxekoandre
Haut azal; larru
heiraten ezkon[du]
heiß bero
helfen lagun[du]
Hemd alkandora
herausnehmen atera
Herbst udazken
Herr jaun
Herz bihotz
heute gaur
hier hemen
Himbeere magurdi
Himmel zeru
hin und zurück joan-etorri
hinauf gora
hinten atze; gibel
Hintern ipurdi
hoch altu
Holz zur
Hose praka
Hotel hotel
Huhn oilo
Hummer misera
Husten eztul

I

ich ni *(Abs)*; nik *(Erg)*
ihm 1. *(Dat):* berari; hari; 2.*(mit; Ass):* harekin;berarekin
ihn 1. *(durch; Ins):* beraz ; hartaz; 2. *(für; Ben):* harentzat; beretzat
ihnen 1. *(Dat):* berei; haiei; 2. *(Ass):* haiekin; berekin
Ihnen zuri *(Dat);* zurekin *(Ass)*
ihr, *w.* 1. *(Dat):* berari; hari; 2.*(mit; Ass):* harekin; berarekin; 3. *(Gen):* haren; bere
ihr, *Mz.* zuek *(Abs + Erg)*
ihre, *Mz.* *(Gen):* beren; haien

Ihr zure *(Dat)*
in *(Ine)*: -(e)tan; -(e)an; -etan
Infektion infekzio
Information informazio
innere barne
Insel irla
irgendwie inola

J

ja bai
Jacke jaka
Jahr urte
Jahreszeit urtaro
jeder bakoitz
jene ***Mz.*** horiek *(Abs + Erg)*
jene dort ***Mz.*** haiek *(Abs + Erg)*
jenes hori; horrek *(Erg)*
jenes dort hura; hark *(Erg)*
Jugendherberge gazteen ostatu
Juwelier bitxidenda

K

Kaffee kafe
Kai kai
Kakao txokolate
Kalb txahal
Kalbsfleisch txahalki
Kalender egutegi
kalt hotz
kaputt hautsita
Karotte azenario
Karren gurditxo
Karte karta
Kartoffel patata
Käse gasna; gazta
kauen murtxika[tu]
kaufen eros[i]
Kehle eztarri
kein ez
Kind haur
Kinn kokots
Kino zine; zinema
Kiosk kiosko
Kirche eliza
Kirsche gerezi
Klasse klase
klassisch klasiko
kleiden jantz[i]
Kleidung jantzi
klein txiki
kleiner txikiago
Kleinkind ume
Knie belaun
Knoblauch baratxuri
Knochen hezur
Koffer maleta
Kohl aza
kommen etorr[i]
Konditorei gozodenda
Kontaktlinse ukipen-lente
Kontrolleur begiratzaile
Konzert kontzertu
Kopf buru
Kopfsalat uhaza
Kopfschmerzen buruko min
Körper gorputz
Kotelett saiheski
Krabbe txangurro
Krampf espasmo
krank eri; gaixo
Krankenhaus ospitale
Krankenschwester/ -pfleger erizain
Krankenwagen anbulantzia
Krankheit eritasun
Kreditkarte kreditu txartel
Kreuzung bidagurutze
Krone koroa
kühl fresko
Kurve bira; biragune
kurzsichtig begilabur

L

Lachs izoki(n)
Laden denda
Ladenbesitzer dendari
Lagune aintzira
Lamm arkume
Lammfleisch arkumeki
Land herri
Landkarte mapa
Landstraße errepide
Languste otarrain
Laterne kaleargi
Laut hots
leben bizi [izan]
Lebensmittelladen janaridenda
Leber gibel
Leder larru
Lehrer irakasle
Lehrerin andereño
lernen ikas[i]
letzte azken
leuchtend argitsu
lieben maite [ukan]
Lied kanta; abesti
Likör likore
links ezkerrera
Löffel goilare
los tira
Lunge birika
lutschen zurga[tu]; zurrupa[tu]

M

machen egin
Magen urdail
Mais arto
Mal aldi
Mantel beroki
Markt merkatu; azoka
Maschine makina
Maut bidasari
Mechaniker mekanikari
Medikament sendagai
Meer itsaso
Meeresfrüchte itsaskiak
mehr gehiago
mein nire *(Gen)*
Meinung uste
Mann gizon
Menü menu
messen neur[tu]
Messer labaina
Metall metal
Metzgerei harategi
mich 1. *(durch; Ins):* nitaz; 2. *(für; Ben):* niretzat
Miesmuschel muskuilu; txirla
Milch esne
Milchkaffee kafesne
mir 1. *(Dat):* niri; 2. *(mit; Ass):* nirekin
mischen nahas[i]
mit 1. *(Ins; Sache):* -(e)z; -az; -ez; 2. *(Ass; Person):* -(r)ekin; -arekin; -ekin; *(mir):* nirekin; *(Ihnen):* zurekin; *(ihm):* harekin/berarekin; *(uns):* gurekin; *(euch):* zuekin; *(ihnen):* haiekin/berekin
mit wem norekin
Mittagessen bazkari
mittels *(Ins):* -(e)z; -az; -ez
Mond ilargi
Morgen goiz
morgen bihar
morgens goizean
Motor motore
Motorrad motozikleta
Mülleimer paperontzi
Mund aho
Münze txanpon
Muschel maskor
Museum museo
Musik musika
Muskel giharre
Mutter ama

N

nach (zu) *(All): -(e)tara; -*(e)ra;
-etara; -(e)tara
nach (hinter/an) -an
nach Art des -ko
Nachbar auzo
nächste hurrengo
Nacht gau
Nachtisch azkenburuko
nahe hurbil
Name izen
Nase sudur
Natur natura
Nebel laino
neben alboan
nein ez
Nichtraucher ez erretzaile
niedrig baxu
Notwendigkeit behar
Nummer zenbaki
Nummernschild matrikula

O

Obst fruta
oder ala
öffnen ireki
Ohr belarri
Öl olio
Olive oliba
Onkel osaba
Oper opera
Operation operazio
Optiker optikadenda
Orange, orange laranja
Orchester orkestra
Österreich Austria

P

paar, ein pare
Paket pakete
Palast jauregi
Panne aberia
Paprika(schote) piper
Park parke
Parkplatz aparkaleku
Pass pasaporte
passieren gerta[tu]
Pelota-Spielplatz pilotaleku
per Anhalter fahren autostop egin
Personalausweis nortasun agiri
Pfeffer piperrauts
Pflaster esparadrapu
Pfund libera
Pilz ontto; perretxiko
Plastik plastiko
Platz enparantza; plaza

Polizei polizia
Polizist ertzain; polizia
Porree porru
Post posta
Postamt postetxe
Postfach postakutxatila
Postkarte postale; postatxartel
Preis prezio
Priester apaiz
prüfen egiazta[tu]
Pullover jertse

R

Rad gurpil
Radsport txirrindularitza
Rakete suziri
Rand bazter
Rathaus udaletxe
Raucher erretzaile
Raum gela
Rechnung kontu
rechts eskubira; eskuinera
Reduzierung beherapen
Regen euri
Regenschirm euritako
regnen euri [egin]
reiben igurtz[i]
Reifen neumatiko
reinigen garbi[tu]
Reinigung tindategi
Reis arroz
Reise ibilaldi
Reisebüro bidai agentzia
Reisende(r) bidaiari
Reisepass pasaporte
Reiseroute ibilbide
Reisescheck bidai-txeke
Rente pentsio
Reparatur konponketa
reparieren konpon[du]
reservieren erreserba egin
Restaurant jatetxe
Rezept errezeta
Rezeption harrera
Rind behi
Rindfleisch behiki
Rippe saihets
Rock gona
Rohr hodi
Röntgenaufnahme erradiografia
rosa arrosa
Rose larrosa
Rosé ardo gorri
rot gorri
Rotes Kreuz gurutze gorri
Rotwein ardo beltz
Rübe azenario
Rucksack motxila
Ruf dei
Ruine hondamendi

S

Saft fruta zuku
sagen esan
Salat entsalada
Salz gatz
sammeln bil[du]
Sand harea; hondar
Sandalen sandaliak
Sandwich ogitarteko
Sänger abesle
Sardelle antxoa
Sardine sardina
Schalter(fenster) leihatila
Schaufenster erakusleiho
Scheck txeke
Scheibe xerra
Scheibenwischer haizetako-garbigailu
Schein bilete
schicken igorr[i]
Schiff itsasuntzi
Schinken urdaiazpiko
schlecht gaizki; txar
schließen itx[i]
Schloss gaztelu
schlucken irents[i]
Schmerz min
Schnee elur
schnell azkar; laster
Schnitt ebaki
schon jada
schrecklich izugarri
Schuh oinetako; zapata
Schuhladen zapategi
Schulter sorbalda
Schulterblatt bizkar
schwach ahul
schwanger haurdun
schwarz beltz
Schwein txerri
Schweinefleisch txerriki
Schweiz Suitza
Schwester ahizpa *(einer Schwester);* arreba *(eines Bruders)*
schwimmen igeri [egin]
schwimmend igeri
schwindelig sein txorabil
See laku, itsaso
Segelboot belauntzi
sehen ikus[i]
sehr gut ederki
sein izan; egon *(siehe Grammatik)*
sein, *m.* *(Gen):* haren; bere
seit wann noizdanik

Seite albo; aldean
Sekretärin idazkari
senken behera[tu]
Service zerbitzu
Sicherheitsgurt segurtasun uhal
sie, *w.* 1. *(Abs):* bera; hura; 2. *(Erg):* berak; hark; 3. *(durch; Ins):* beraz ; hartaz; 4. *(für; Ben):* harentzat; berarentzat
sie, *Mz.* 1. *(Abs):* haiek; berak; 2. *(Erg):* haiek; berek; 3. *(durch; Ins):* haietaz; berez; 4. *(für; Ben):* haientzat; berentzat
Sie 1. *(Abs):* zu; 2. *(Erg):* zuk; 3. *(durch; Ins):* zutaz; 4. *(für; Ben):* zuretzat
Silber zilar
singen abes[tu]; kanta[tu]
Sirup xarabe
Sitz eserleku
Ski eski
so viel wie hainbat
Socke galtzerdi
sofort berehala
Sohn seme
Sommer uda
Sonne eguzki
Sonnen- eki-
Sonnenbrand intsolazio
Sonnenbrille eguzki betaurreko
Sonnenschirm ekitako
Sonnenstich haben eguzkiak jota egon
Spargel zainzuri
spät berandu
spazieren gehen ibil[i]
Spiegel ispilu
Sport kirol
sprechen hitz egin
Spritze xiringa
Stadtviertel auzo
Stadtzentrum hiribarne
Stau karabana
staunen harri[tu]
Steak xerra
stehlen os[tu]
Stern izar
Steuer zerga
Stewardess azafata
Stirn kopeta
Stock makila
Stoßstange kolpeleungailu
Strand hondartza
Straße kale
Strauß loresorta
Student ikasle
Stunde ordu
suchen bila[tu]
Supermarkt hipermerkatu; supermerkatu
Suppe salda; zopa

T

Tablette pilula
Taille gerri
Tankstelle gasolindegi
Tante izeba
Tanz dantza
Tasche poltsa
Tausch truke
Tee te; tea esnearekin *(mit Milch)*; tea limoiarekin *(mit Zitrone)*
Telefonzelle telefono-kabina
Telegramm telegrama
Teller plater
teuer garesti
Textilgeschäft jantzidenda
Theater antzerki; antzoki
Theaterstück antzezlan
Thermometer termometro
Ticket txartel
Tinte tinta
Tintenfisch txipiroi
Tisch mahai
Tochter alaba
Toilette komun
Toilettenpapier komuneko paper
Tomate tomate
Tourist turista
Traube mahats
Treppe eskailera
Tretboot ur-pedal
trinken edan
tschüss agur
T-shirt kamiseta
Tunnel tunel
Tür ate

U

U-Bahn metro
Übelkeit goragale
überholen aurrera[tu]
Überweisung transakzio
um *(zeitl.)* *(Ine):* -(e)tan; -(e)an; -etan
um zu -teko; -tzeko
umdrehen buelta eman, itzul[i]
Umschlag gutunazal
und eta
Unfall istripu
Union batasun

uns 1. *(Dat):* guri;
2. *(durch; Ins):* gutaz;
3. *(für; Ben):* guretzat;
4. *(mit; Ass):* gurekin
unser gure *(Gen)*
Unterkunft ostalaritza
untertauchen murgil[du]
Unwetter ekaitza
Unwohlsein larrialdi
Urin gernu; txiza
Urlaub opor

V

Vater aita
Verband bendaje
verbieten debeka[tu]
Verbindung lotura
vergriffen agortuta
vergrößern handiago[tu]
verkaufen sal[du]
Verkehr trafiko
Verkehrskreisel karrikarte
Verkehrsschild trafiko seinale
verlangen eska[tu]
Verletzung zauri
verlieren gal[du]
verweilen geldi[tu]
verwunden zauri[tu]
verzeihen barka[tu]
viel asko
vielen Dank eskerrik asko
vielleicht agian; beharbada
violett more; ubel
voll bete
von 1. *(Gen):* -(r)en; -aren; -en; 2. *(Lok):* -(e)tako; -(e)ko; -etako; 3. *(Dat):* -(r)i; -ari; -ei; 4. *(Person; Abl):* -(r)engandik; -arengandik; -engandik
vor aitzin; aurre(an)
vor allem batik bat
vorläufig behin-behineko
Vorort hiribarren
Vorsicht arreta
Vorspeise bazkalaurreko

W

Wagen kotxe
Waggon bagoi
Wahrheit egia
Walderdbeere marrubitxo
wann 1. noiz; 2. *(bis; App):* noiz arte
warm bero
warum zergatik *(Mot)*
was zer
Wasser ur; ura gasarekin *(mit Kohlensäure);* ura gasik gabe *(ohne Kohlensäure)*
Wasserski ur-eski
WC komune
WC-Papier komuneko paper
Wechselkurs truke tasa
wechseln alda[tu]; truka[tu]
Wechselstube truke bulego
Weg bide
wegen *(Mot):* -(r)engatik; -arengatik; -engatik
weggehen irten
weiß zuri
Weißwein ardo zuri
weit urrun
weit entfernt urruti
welche, *Mz.* 1. *(Abs):* zeintzuk; 2. *(Erg):* zeintzuek
wecher/-s 1. *(Abs):* zein; . *(Erg):* zeinek
welcher Art nolako
Welle huin
wem 1. *(Dat):* nori; zeini; 2. *(mit; As:* norekin
wen 1. Abs*):* nor; 2. *(für; Ben):* norentzat
weniger gutxiago
wer 1. *(Abs):* nor; 2. *(Erg):* nork
werden (Zukunft) -ko; -go
werfen bota
Werkstatt garaje
Wert balio
weshalb zergatik
wessen noren
Weste gerrontze
Wetter eguraldi
wie nola
wieso zergatik *(Mot)*
wie viel zenbat
wie viele zenbatzu
willkommen ongi etorri
Wind haize
Winter negu
wir 1. *(Abs):* gu; 2. *(Erg):* guk
Wirbel zurrunbilo
Wirbelsäule bizkarrezur
wirklich benetan
wissen jakin
wo non *(Ine)*
Woche aste
woher nondik *(Abl)*
wohin nora *(All)*
Wolke hodei

Wolle artile
woraus zerez *(Ins)*
worin zertan *(Ine)*
worüber zertaz *(Ins)*
Wort hitz
Wunsch nahi
Wurst odolki
Würstchen saltxitxa

Z

zählen zenbatu
Zahn hortz
Zahnarzt haginlari
Zahnpasta hortzore
Zahnschmerzen hortzeko min
Zahn ziehen hortza kendu
Zäpfchen supositorio
Zapfsäule hornitegi
Zebrastreifen zebrabide
Zehe behatz
zeigen erakuts[i]
-zeit -aldi
zerbrechen hauts[i]
Ziegelstein adreilu
Zimmer gela
Zitrone limoi
Zoll aduana
zu 1. *(All; Sache):-(e)tara; -*(e)ra; -etara; 2. *(All; Person):* -(r)engana; -arengana; -engana
zu Fuß oinez
Zucker azukre
Zug tren
Zunge mihi
Zwiebel tipula

Wortliste Baskisch – Deutsch

A

aberia Panne
abes[tu] singen
abesle Sänger
abesti Lied, Gesang
abia[tu] aufbrechen (los)
abioi Flugzeug
abioiez mit dem Flugzeug
adiskide Freund (m.)
adreilu Ziegelstein
aduana Zoll
afari Abendessen
agian vielleicht
agortuta vergriffen
agur! tschüss!
agur[tu] grüßen
ahizpa Schwester einer Schwester
aho Mund
ahul schwach
aintzira Lagune
aireportu Flughafen
aita Vater
aitona Großvater
aitzin vor
aitzinera nach vorn
ala oder
alaba Tochter
albo Seite
alboan neben
alda[tu] wechseln
alde zahar Altstadt
aldean an der Seite
aldi Mal, -zeit
Alemania Deutschland
alemaniera Deutsch (Sprache)
alergi Allergie
alkandora Hemd
altu hoch
ama Mutter
amona Großmutter
amu Angelhaken
amuarrain Forelle
-an in, an *Ine*
anaia Bruder
anbulantzia Krankenwagen
andereño Lehrerin
andre Frau
anestesi Betäubung
antxoa Sardelle
antzerki Theater
antzezlan Theaterstück
antzoki Theater
apaiz Priester
aparkaleku Parkplatz
apartemendu Apartment
apendiziti Blinddarmentzündung
aperitibo Aperitif
ardo beltz Rotwein
ardo gorri Rosé
ardo zuri Weißwein
argitsu leuchtend
ari [izan] machen
arkume Lamm
arkumeki Lammfleisch
arrain Fisch
arrantza [egin] angeln
arrantzale Fischer
arratsalde Abend
arratsalde on Guten Abend!
arratsean abends
arraultz Ei
arreba Schwester eines Bruders
arren Bitte, bitte
arreta Vorsicht
arrisku Gefahr
arrosa rosa
arroz Reis
arrunt gewöhnlich
arte bis (PP)
artile Wolle
arto Mais
asko viel
asmo Gedanke
aste Woche
ate Tür
atera herausnehmen
atsegin angenehm
atze hinten
atzera nach hinten
aurki[tu] finden
aurpegi Gesicht
aurre vor
aurrean gegenüber *Ine*
aurrera nach vorn
aurrera[tu] überholen
Austria Österreich
auto Auto
autobus Bus
autopista Autobahn
autostop [egin] per Anhalter fahren
auzo Nachbar; Stadtviertel
aza Kohl
azafata Stewardess
azal Haut
azalore Blumenkohl
azenario Rübe, Karotte

azkar schnell
azken letzte
azkenburuko Nachtisch
azoka Markt(platz)
azukre Zucker

B

badago gibt es
bagoi Waggon
bai ja
baina aber
baino als
bainugela Badezimmer
bainujantzi Badeanzug
baita auch
bakar einzig
bakarrik allein
bakoitz jeder
balazta Bremse; balaztatu bremsen
balio Wert
balixa Handkoffer
baloi Ball (groß)
banana Banane
bandera Fahne
banketxe Bankhaus
banku Bank
banku bilete Banknote
baratxuri Knoblauch
barau [egin] fasten
barazkiak Gemüse *Mz.*
barka[tu] verzeihen; Entschuldigung
barne innere
baso (Trink-)Glas
bat eins
batasun Union
batik bat vor allem
baxu niedrig
bazkalaurrean vor der Mahlzeit
bazkalaurreko Vorspeise
bazkalostean nach der Mahlzeit
bazkari Mittagessen
bazkarian zur Mahlzeit
bazter Rand
begi Auge
begilabur kurzsichtig
begiratzaile Kontrolleur
behar Notwendigkeit
beharbada vielleicht
behatz Zehe
behera[tu] senken
beherapen Reduzierung
behi Rind
behiki Rindfleisch
behin-behineko vorläufig
behin-betiko definitiv
belar Gras
belarri Ohr
belaun Knie
belauntzi Segelboot
beltz schwarz
bendaje Verband
benetan wirklich
bera er/sie
berak er/sie *Erg*; sie *Mz.*
berandu spät
berari ihm/ihr
beraz durch sie/ihn
berazko Durchfall
berde grün
berdin gleich
bere sein/ihr
berehala sofort
berei ihnen
berek sie (Erg)
berekin mit ihr/Ihm; mit ihnen
beren ihr *Mz.*
berentzat für sie
beretzat für sie/ihn
berez durch sie
bero heiß, warm
beroki Mantel
berun Blei
beso Arm
beste andere
betaurreko Brille
bete voll
bidagurutze Kreuzung
bidai agentzia Reisebüro
bidaiari Reisende(r)
bidai-txeke Reisescheck
bidesari Maut
bide Weg
bigarren klasea zweite Klasse
bihar morgen
bihotz Herz
bikini Bikini
bil[du] sammeln
bila[tu] suchen
bilete Schein
biloba Enkel(in)
bira Kurve
biragune Kurve
birika Lunge
bisitatu besuchen
bista Ansicht
bitxidenda Juwelier
bizi [izan] leben
bizikleta Fahrrad
bizkar Schulterblatt
bizkarrezur Wirbelsäule
blusa Bluse
bota werfen
botika Apotheke

botila Flasche
brokoli Broccoli
buelta eman umdrehen
buia Boje
bular Brust
burdin Eisen
buru Kopf
buruko min Kopfschmerzen
bus geltoki Bushaltestelle

D

da ist(er) *[izan]*
dago ist(er) *[egon]*
dakar bringt(er) *[ekarr[i]]*
dakargu bringen(wir) *[ekarr[i]]*
dakart bringe(ich) *[ekarr[i]]*
dakarte bringen(sie) *[ekarr[i]]*
dakarzu bringen(Sie) *[ekarr[i]]*
dakarzue bringt(ihr) *[ekarr[i]]*
dantza Tanz
dantzaldi Ball
dator kommt(er) *[etorr[i]]*
datoz kommen(sie) *[etorr[i]]*
daude sind(sie) *[egon]*
dauka hat(er) *[eduki]*
daukagu haben(wir) *[eduki]*
daukat habe(ich) *[eduki]*
daukate haben(sie) *[eduki]*
daukazu haben(Sie) *[eduki]*
daukazue habt(ihr) *[eduki]*
debeka[tu] verbieten
dei Ruf
dena alles
denda Laden
dendari Ladenbesitzer
deskafeinatu entkoffeiniert
dira sind(sie) *[izan]*
diru Geld
diruzorro Brieftasche
diskoteka Diskothek
ditu hat(er) *[ukan-Erg.]*
ditugu haben(wir) *[ukan-Erg.]*
ditut habe(ich) *[ukan-Erg.]*
dituzte haben(sie) *[ukan-Erg.]*
dituzu haben(Sie) *[ukan-Erg.]*
dituzue habt(ihr) *[ukan-Erg.]*
doa geht(er) *[joan]*
doaz gehen(sie) *[joan]*
dosi Dosis
dozena Dutzend
du hat(er) *[ukan]*
dugu haben(wir) *[ukan]*
dut habe(ich) *[ukan]*
dute haben(sie) *[ukan]*
duzu haben(Sie) *[ukan]*
duzue habt(ihr) *[ukan]*

E

ebaki Schnitt
edan trinken
edari Getränk
ederki sehr gut
eduki haben, besitzen
egia Wahrheit
egiazta[tu] prüfen
hitz egiten sprechen
egunean hiru aldiz drei Mal täglich
egun on Guten Tag
eguraldi Wetter
egutegi Kalender
eguzki Sonne
eguzki betaurreko Sonnenbrille
eguzkiak jota egon Sonnenstich haben
ekaitza Unwetter
ekarr[i] bringen
eki- Sonnen-
ekitako Sonnenschirm
-eko von *Lok*
eliza Kirche
elkar einander
elur Schnee
emakume Frau
eman geben
emazte Ehefrau
enparantza Platz
entsalada Salat
-era nach *All*
eraikin Gebäude
-eraino bis *App*
erakusleiho Schaufenster
erakuts[i] zeigen
ere auch (bejahend)
eri krank
eritasun Krankheit
erizain Krankenschwester, Krankenpfleger
eros[i] kaufen
erradiografia Röntgenaufnahme
erre gebraten, gegrillt
errepide Landstraße
erreserba [egin] reservieren
erretzaile Raucher

errezeta Rezept
ertzain Polizist
ertzantza baskische Polizei
esan sagen
eserleku Sitz
eska[tu] verlangen; (an)fordern
eskailera Treppe
esker Dank
eskerrik asko vielen Dank
eski Ski
esku Hand
eskubira rechts
eskudiru Bargeld
eskuinera rechts
eskuko poltsa Handtasche
eskularru Handschuh
esne Milch
esparadrapu Pflaster
espasmo Krampf
estali bedecken
eta und
-etan in, an *Ine*
-etara nach *All*
-etaraino bis *App*
-etatik aus *Abl*
-etik aus *Abl*
etorr[i] kommen
etxe Haus
etxeko nach Art des Hauses
etxekoandre Hausfrau
euri Regen
euri [egin] regnen
euritako Regenschirm
europar europäisch
Europar Batasun Europäische Union
Euskal Herria das Baskenland
Euskaldun Baskisch sprechend
Euskara Baskisch (Sprache)
euskarri Griff
ez nein
ez erre nicht rauchen
ez horregatik keine Ursache
ezkerrera links
ezkon[du] heiraten
eztarri Kehle
eztarriko min Halsschmerzen
eztul Husten

F

farmazia Apotheke
faro Autoscheinwerfer
festa Fest
film Film
fin fein
fresko kühl
fruta zuku Saft
fruta Obst

G

gabon Gute Nacht
gaixo krank
gaizki schlecht
gal[du] verlieren
galtzada Fahrbahn
galtzerdi Socke
gara sind(wir) [izan]
garagardo Bier
garaje Garage, Werkstatt
garbi[tu] reinigen
garesti teuer
gasna Käse
gasoil Diesel
gasolina Benzin
gasolindegi Tankstelle
gasta[tu] ausgeben
gatoz kommen(wir) *[etorr[i]]*
gatz Salz
gau Nacht
gaude sind(wir) *[egon]*
gaur heute
gauza Gegenstand
gazta Käse
gazteen ostatu Jugendherberge
gaztelu Schloss, Burg
gehiago mehr
gela Raum; Zimmer
geldi[tu] verweilen; anhalten
geldiune Haltestelle
genekarren brachten(wir) *[ekarr[i]]*
genituen hatten(wir) *[ukan-Erg.]*
genuen hatten(wir) *[ukan]*
genuke würden(wir) *[ukan]*
gerezi Kirsche
gernu Urin
gernu-maskuri (Harn)Blase
gero danach
gerri Taille
gerriko Gürtel
gerrontze Weste
gerta[tu] passieren
geunden waren(wir) *[egon]*
gibel Leber
gibel hinten

gibelera nach hinten
gidabaimena Führerschein
gidari Führer, Leiter
giharre Muskel
gindoazen gingen(wir) *[joan]*
ginen waren(wir) *[izan]*
gizon Mann
-go werden (Zukunft)
goaz gehen(wir) *[joan]*
goilare Löffel
goiz Morgen
goizean morgens
gona Rock
gora hinauf
goragale Übelkeit
gorde bewahren
gorputz Körper
gorri rot
gosari Frühstück
gozodenda Konditorei
gris grau
gu wir
guk wir *Erg*
gurasoak Eltern *Mz.*
gurditxo Karren
gure unser
gurekin mit uns
guretzat für uns
guri uns
gurpil Rad
gurutze gorri Rotes Kreuz
gutaz durch uns
gutun Brief
gutun ziurtatu Einschreiben
gutunazal Umschlag
gutxiago weniger

H

haginlari Zahnarzt
haiei ihnen
haiek sie *Mz.*; jene dort *Mz.*
haiekin mit ihnen
haien ihr *Mz.*
haientzat für sie
haietaz durch sie
hainbat so viel wie
haize Wind
haizetako-garbigailu Scheibenwischer
handi groß
handiago[tu] vergrößern
hanka Bein
hantura Geschwulst
har[tu] empfangen
haragi Fleisch
harategi Metzgerei
harea Sand
harekin mit ihr/Ihm
haren sein/ihr
harentzat für sie/ihn
hari ihm/ihr
hark er/sie *Erg*; jenes dort *Erg*
harrera Rezeption
harri[tu] staunen
hartaz durch sie/ihn
hatz Finger
hau dies
hauek diese *Mz.*
haur Kind
haurdun schwanger
hauts[i] zerbrechen
hautsita kaputt
hegazkin Flugzeug
helbide Adresse
hemen hier
herri Land
heste Darm
heze feucht
hezur Knochen
hilerri Friedhof
hipermerkatu Supermarkt
hiribarne Stadtzentrum
hiribarren Vorort
hiribide Allee
hitz Wort
hodei Wolke
hodi Rohr
hondamendi Ruine
hondar Sand
hondartza Strand
honek dies *Erg*
hori gelb
hori jenes
horiek jene *Mz.*
horixe eben jener
hornitegi Zapfsäule
horregatik deshalb
horrek jenes *Erg*
hortza kendu einen Zahn ziehen
hortzeko min Zahnschmerzen
hortzeria Gebiss, Prothese
hortzore Zahnpasta
hosto Blatt
hotel Hotel
hots Laut
hotz kalt
hura er/sie
hura jenes dort
hurbil nahe
hurrengo nächste

I

ibai Fluss
ibil[i] spazieren gehen
ibilaldi Reise
ibilbide Reiseroute
idazkari Sekretär(in)
idazle Autor
igeltsadura Gips
igeri schwimmend
igeri [egin] schwimmen
igorr[i] schicken
igurtz[i] reiben
ihes [egin] fliehen
ikas[i] lernen
ikasle Student
ikus[i] sehen
ikusi Ansicht
ilar Erbse
ilargi Mond
ile Haar
iloba Neffe
infekzio Infektion
informazio Information
inola irgendwie
intsolazio Sonnenbrand
ipurdi Hintern
iragarki Ankündigung
irakasle Lehrer
iratzar[tu] aufwecken
ireki öffnen
irekita geöffnet
irents[i] schlucken
irits[i] ankommen; erreichen
irla Insel
irteera Ausgang, Abfahrt
irten weggehen
ispilu Spiegel
istripu Unfall
itsasapo Seeteufel
itsasbeherea Ebbe
itsasgora Flut
itsaskiak Meeresfrüchte
itsaso Meer
itsasuntzi Schiff
itx[i] schließen
itxita geschlossen
itzul[i] umdrehen
izan sein
izar Stern
izeba Tante
izen Name
izkina Ecke
izkira Garnele
izoki(n) Lachs
izozki Eis
izozkidenda Eisdiele
izugarri schrecklich

J

jada schon
jai Fest
jaits[i] aussteigen
jaka Jacke
jakin wissen
jan essen
janari Gericht (Essen)
janaridenda Lebensmittel-laden
jantz[i] kleiden
jantzi Kleidung
jantzidenda Textilgeschäft
jatetxe Restaurant
jaun Herr
jauregi Palais
jertse Pullover
joan gehen
joan-etorri hin und zurück

K

kafesne Milchkaffee
kafetegi Café
kai Kai, Hafen
kaixo! Hallo!
kalabazin Gurke
kale Straße
kaleargi Laterne
kamiseta T-shirt
kanpin Camping
kanta Lied
kanta[tu] singen
karabana Stau
karretera Landstrasse
karrikarte Verkehrskreisel
karta Karte
katarroa [ukan] erkältet sein
keinukari Blinker
kiosko Kiosk
kirol Sport
klasiko klassisch
-ko werden (Zukunft)
koipe Fett
kokots Kinn
kolore farbe
kolpeleungailu Stoßstange
komun Toilette
komuneko paper WC-Papier
konpon[du] reparieren
konponketa Reparatur
kontu Rechnung
kontzertu Konzert
kopeta Stirn
koroa Krone
korridore Gang
kotoi Baumwolle
kotxe Wagen
kreditu txartel Kreditkarte

L

-la dass
labaina Messer
lagun Freund
lagun[du] helfen
laino Nebel
laku See
lan Arbeit
laranja Orange; orange
larrialdi Unwohlsein
larru Leder, Haut
laster schnell
legatz Dorsch
lehen maila erste Klasse
lehenengo erste
lehengusina Cousine
lehengusu Cousin
leihatila Schalter(fenster)
leiho Fenster
leka grüne Bohne
lepo Hals
libre frei
libera Pfund
liburu Buch
liburudenda Buchhandlung
likore Likör
limoi Zitrone
lorategi Garten
lore Blume
loresorta Strauß
lotura Verbindung
lukainka Aufschnitt
luke würde(er) *[ukan]*
lukete würden(sie) *[ukan]*

M

madari Birne
magurdi Himbeere
mahai Tisch
mahats Traube
maite [ukan] lieben
makila Stock
makina Maschine
maleta Koffer
mapa Landkarte
marroi braun
marrubi Erdbeere
marrubitxo Walderdbeere
maskor Muschel
matrikula Nummernschild
mediku Arzt
mekanikari Mechaniker
mendi Berg
menu Menü
merkatu Markt
merke billig
mertxika Aprikose
mesede Gunst
mesedez bitte
metal Metall
metro U-Bahn
mihi Zunge
mihiarrain Seezunge
min Schmerz
misera Hummer
more violett
motore Motor
motozikleta Motorrad
motxila Rucksack
murgil[du] untertauchen
murtxika[tu] kauen
museo Museum
musika Musik
muskuilu Miesmuschel

N

nago bin(ich) *[egon]*
nahas[i] mischen
nahi Wunsch
naiz bin(ich) *[izan]*
nasa Bahnsteig
nator komme(ich) *[etorr[i]]*
natur Natur
negu Winter
nekarren brachte(ich) *[ekarr[i]]*
nengoen war(ich) *[egon]*
neumatiko Reifen
neur[tu] messen
ni ich
nik ich *Erg*
nindoan ging(ich) *[joan]*
nintzen war(ich) *[izan]*
nire mein
nirekin mit mir
niretzat für mich
niri mir
nitaz durch mich
nituen hatte(ich) *[ukan-Erg.]*
noa gehe(ich) *[joan]*
nola wie
non wo
nondik woher
nongo wessen
nor wer
nora wohin
norantz wohin
nork wer *Erg*
nortasun agiri Personalausweis
noski gewiss
nuen hatte(ich) *[ukan]*
nuke würde(ich) *[ukan]*

O

odol Blut
odolki Wurst
ogi Brot
ogitarteko Sandwich
ohe Bett
oilaki Hähnchenfleisch
oilasko Hähnchen
oilo Huhn
oin Fuß
oinbide Bürgersteig
oinetako Schuh
oinez zu Fuß
oka [egin] erbrechen
okindegi Bäckerei
oliba Olive
olio Öl
on gut
onar[tu] annehmen
ondo gut
ondoren dann
ongi gut
ongi etorri willkommen
ongi joan Gute Reise!
ontsa gut
ontto Pilz
ontzi Glas, Gefäß
opera Oper
operazio Operation
opor Urlaub
optikadenda Optiker
orburu Artischocke
ordain[du] bezahlen
ordu Stunde
ordutegi Fahrplan, Zeitplan
orkestra Orchester
os[tu] stehlen
osaba Onkel
osasun Gesundheit
oso ganz
ospitale Krankenhaus
ostalaritza Unterkunft
ostatu Gasthaus
ostra Auster
otarrain Languste

P

pakete Paket
paperontzi Mülleimer
pare ein paar
parke Park
pasaporte Reisepass
patata Kartoffel
pentsio Rente
perretxiko Pilz
pilotaleku (Pelota-)Spielplatz
pilula Tablette
pintxo Häppchen
piper Paprika(schote)
piper beteak gefüllte Paprika
piperrauts Pfeffer
pisu Gewicht
plastiko Plastik
plater Teller
plaza Platz
polizia Polizei, Polizist
poltsa Tasche
porru Porree
posta Post
postakutxatila Postfach
postale Postkarte
postatxartel Postkarte
postetxe Postamt
postontzi Briefkasten
poza hartu freuen (sich)
praka Hose
prezio Preis
-ra nach *All*
-raino bis *App*

S

sabel Bauch
sagar Apfel
sagardo Apfelwein
sagardotegi Apfelweinbar
saiheski Kotelett
saihets Rippe
sal[du] verkaufen
salda Suppe
saltxitxa Würstchen
sandalia Sandalen
sar[tu] eintreten
sardeska Gabel
sardina Sardine
sarrera Eingang, Einfahrt
sarri häufig
sartze Eintritt
segurtasun uhal Sicherheitsgurt
seilu Briefmarke
semaforo Ampel
seme Sohn
sendagai Medikament
sendaketa Genesung
senti[tu] fühlen
solomo Lomo (spanische Spezialität)
sorbalda Schulter
soro Feld
sorospen erste Hilfe
sorots[i] beobachten
sudur Nase
suhiltzaile Feuerwehrmann

Suitza Schweiz
sukar Fieber
supermerkatu Supermarkt
supositorio Zäpfchen
suziri Rakete, Feuerwerk
taberna Bar
-tan in, an *Ine*
-tara nach *All*
-taraino bis *App*
-tatik aus *Abl*
te Tee
tea esnearekin Tee mit Milch
tea limoiarekin Tee mit Zitrone
-tegi Laden; Ort
-teko um zu
telefono-kabina Telefonzelle
telegrama Telegramm
termometro Thermometer
-tik aus *Abl*
tindategi Reinigung
tinta Tinte
tipula Zwiebel
tira los
tomate Tomate
topo Bummelzug
tori da (bitte)
trafiko Verkehr
trafiko seinale Verkehrsschild
transakzio Überweisung
tratamendu Behandlung
tren Zug
tren geltoki Bahnhof
trenbide Eisenbahn
truka[tu] wechseln
truke Tausch
truke bulego Wechselstube
truke tasa Wechselkurs
-tsu -artig
tunel Tunnel
turista Tourist
txahal Kalb
txahalki Kalbsfleisch
txangurro Krabbe
txanpon Münze
txapel Baskenmütze
txar schlecht
txartel Ticket
txeke Scheck
txerri Schwein
txerriki Schweinefleisch
txiki klein
txikiago kleiner
txipiroi Tintenfisch
txirla Miesmuschel
txirrindu Fahrrad
txirrindularitza Radsport
txiza Urin
txokolate Kakao
txorabil schwindelig sein
txorizo Chorizo-Salami
-tzeko um zu

U

ubel violett
uda Sommer
udaberri Frühling
udazken Herbst
udaletxe Rathaus
uhaza Kopfsalat
uhin Welle
ukan haben
ukipen-lente Kontaktlinse
ukondo Ellenbogen
ume Kleinkind
ura gasarekin Wasser mit Kohlensäure
ura gasik gabe Wasser ohne Kohlensäure
urdaiazpiko Schinken
urdail Magen
urdin blau
ur-eski Wasserski
ur-pedal Tretboot
urre Gold
urrun weit
urruti weit entfernt
urtaro Jahreszeit
urte Jahr
uste Meinung

X

xahu[tu] ausgeben (Geld)
xarabe Sirup
xiringa Spritze
xerra Steak; Scheibe

Z

zainzuri Spargel
zapata Schuh
zapatadenda Schuhladen
zara sind(Sie) *[izan]*
zarete seid(ihr) *[izan]*
zatoz kommen(Sie) *[etorr[i]]*
zatozte kommt(ihr) *[etorr[i]]*
zaude sind(Sie) *[egon]*
zaudete seid(ihr) *[egon]*
zauri Verletzung
zauri[tu] verwunden
zebrabide Zebrastreifen
zegoen war(sie/er) *[egon]*
zein welche
zekarren brachte(er)

[ekarr[i]]
zekarten brachten(sie) *[ekarr[i]]*
zekor junger Stier
zelai Feld
zen war(sie/er) *[izan]*
zenbaki Nummer
zenbatu zählen
zenekarren brachten(Sie) *[ekarr[i]]*
zenekarten brachtet(ihr) *[ekarr[i]]*
zenituen hatten(Sie) *[ukan-Erg.]*
zenituzten hattet(ihr) *[ukan-Erg.]*
zenuen hatten(Sie) *[ukan]*
zenuke würden(Sie) *[ukan]*
zenukete würdet(ihr) *[ukan]*
zenuten hattet(ihr) *[ukan]*
zer was
zerbait etwas
zerbitzu Service
zerga Steuer
zertan worin
zeru Himmel
zeuden waren(sie) *[egon]*
zeunden waren(Sie) *[egon]*
zeundeten wart(ihr) *[egon]*
zihoan ging(er) *[joan]*
zihoazen gingen(sie) *[joan]*
zilar Silber
zindoazen gingt(ihr) *[joan]*
zindoazen gingen(Sie) *[joan]*
zine Kino
zinema Kino
zinen waren(Sie) *[izan]*
zineten wart(ihr) *[izan]*
ziren waren(sie) *[izan]*
zituen hatte(er) *[ukan-Erg.]*
zituzten hatten(sie) *[ukan-Erg.]*
zoaz gehen(Sie) *[joan]*
zoazte geht(ihr) *[joan]*
zopa Suppe
zorion Glück
zorionak Glückwünsche
zu du/Sie
zubi Brücke
zuei euch
zuek ihr
zuekin mit euch
zuen hatte(er) *[ukan] / euer*
zuentzat für euch
zuetaz durch euch
zuhaitz Baum
zuk du/Sie *Erg*
zula[tu] durchlöchern
zur Holz
zure dein/Ihre
zurekin mir dir/Ihnen
zuretzat für dich/Sie
zurga[tu] lutschen
zuri weiß
zuri dir/Ihnen
zurrunbilo Wirbel
zurrupa[tu] lutschen
zutaz durch dich
zuten hatten(sie) *[ukan]*
zuzen gerade

Spanien

Die fundierten Reiseführer von **Reise Know-How** für individuelles Reisen:

Michael Schuh

Pyrenäen-Handbuch

624 Seiten,reich illustriert, viele Fotos, Karten und Pläne, € 19,90

Tobias Büscher & Heike Wiest

Madrid und Umgebung

384 Seiten, reich illustriert, viele Fotos, Karten und Pläne, € 10,50

Andreas Drouve

Nordspanien

und der Jakobsweg

480 Seiten, reich illustriert, viele Fotos, Karten und Pläne, € 19,90

Dagmar Elsen

Barcelona und Umgebung

240 Seiten, reich illustriert, viele Fotos, Karten und Pläne, € 10,50

Petra Neukirchen & Wolfgang Bauer

Andalusien

696 Seiten, reich illustriert, viele Fotos, Karten und Pläne, € 19,90

Reise Know-How Verlag Peter Rump GmbH, Bielefeld